太极拳法阐宗

王新午 著
王敏 王兵 王安 整理

人民体育出版社

图书在版编目（CIP）数据

太极拳法阐宗 / 王新午著. -- 北京：人民体育出版社，2023
ISBN 978-7-5009-6169-7

Ⅰ.①太… Ⅱ.①王… Ⅲ.①太极拳—基本知识 Ⅳ.①G852.11

中国版本图书馆CIP数据核字(2022)第062768号

*

人民体育出版社出版发行
三河紫恒印装有限公司印刷
新　华　书　店　经　销

*

787×960　16开本　13.75印张　232千字
2023年11月第1版　2023年11月第1次印刷
印数：1—3,000册

*

ISBN 978-7-5009-6169-7
定价：46.00元

社址：北京市东城区体育馆路8号（天坛公园东门）
电话：67151482（发行部）　　邮编：100061
传真：67151483　　　　　　　邮购：67118491
网址：www.psphpress.com
（购买本社图书，如遇有缺损页可与邮购部联系）

作者练功照

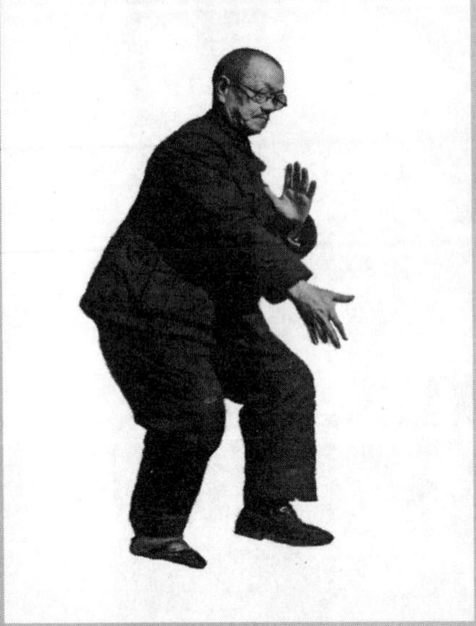
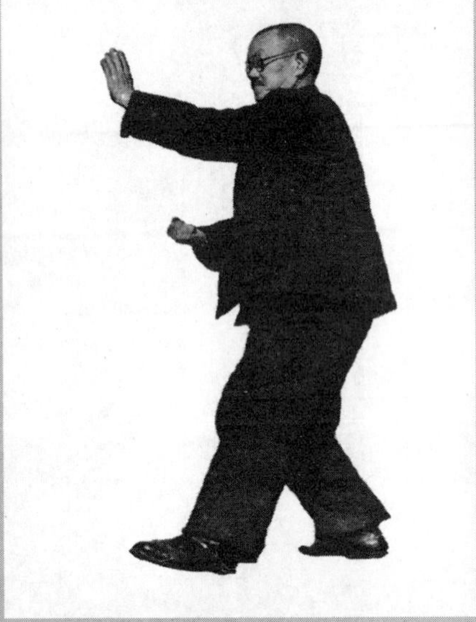
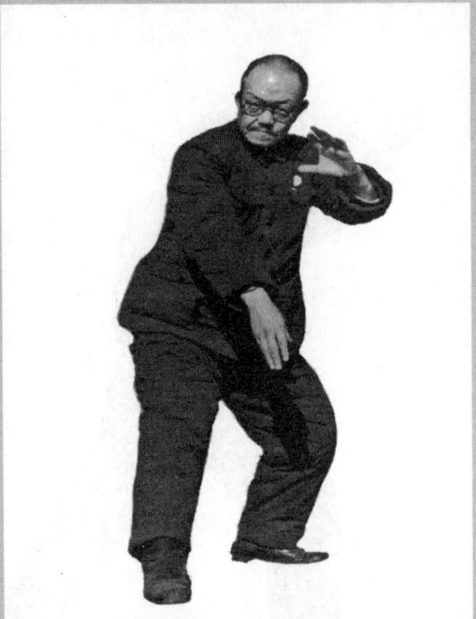
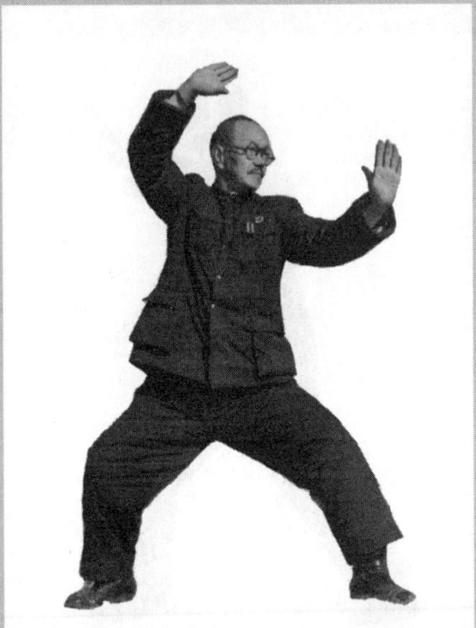

北京天坛留影

新翁于师与寿轩子荣在一起

1956年参加全国十二单位武术评比表演大会后与弟子米书年（寿轩）、申子荣于北京天坛留影

1956年全国十二单位武术评比表演大会陕西省代表队合影

1984年西安市青年会国术班全体合影

作者弟子申子荣

作者弟子米书年

致 读 者

《太极拳法阐宗》一书系祖父王新午先生原作。该书完成于1937年夏，后因抗日战争失去十之二三，又于1939年补著，于1942年夏在西安出版（仅此一版），具有极高的太极拳理论水平和实践指导意义，至今为海内外武术爱好者视为珍品。

原著系旧体文言文竖版，为使现代读者好看易懂，同时按国家出版的有关规定，特将原文繁体字转为简体字并对句读进行了处理，对原印刷当中的错、漏字与原手稿校对，也予改正填补。新增第八章为手稿原作。

该书整理出版过程中受到众多师兄弟及师侄们的关心、鼓励、支持，至此一并致谢。

整理人：

王敏　王兵　王安

2022年国庆于北京

中医巨擘，太极国手

——王新午先生小传

王新午（1901—1964），名华杰，字新午，山西汾阳人。伯父厚甫、父礼庭皆精通医道，常去乡邻疾苦，治多验而不责报，人皆爱戴。新午先生幼承庭训，诗书而外，熟读医典，常以"不为良相，便为良医"自勉。修学之暇，好拳术。始8岁，从先父礼庭公习家传之六合拳术，至12岁，兼习猿猴通背拳。

14岁，毕业于县河汾中学。少年新午以成就事业当强身为先，考入北京体育专门学校，有幸从当代武术名家许禹生大师习太极拳。在京，其广涉拳法古籍文献，"问道于吴师鉴泉，说着于纪师子修，讲劲于许师禹生"，后又从刘师恩授习岳氏八翻手拳法。其学习刻苦认真，为人谦和，天赋悟性极高，深受各位恩师器重，均得其真髓，修学期间已脱颖而出。

1919年，新午先生艺成归晋，许师以诗相赠："羡君侠骨自天成，启秘寻源我亦惊。此日已能腾众誉，他年定可冠群英。破荒蹶起思先觉，护道行功赖后生。毕竟强身始卫国，苦心孤诣树风声。"

归晋后，新午先生就职于山西督军署。工作之余，练功习武，深究拳法，反复实践，历九寒暑而未间断。在与同道相磋中逐渐形成自身特有的拳术风格，结交了众多武林好友，形成了拳术群体，始收徒传技。于1926年发起组织成立了"太极拳学会"，任教授。1930年秋，联络省内国术名家成立了"太原市国术促进会"，被推举为常务执行委员兼教务主任。1932年成立了"太原市国术操练场"，任主任。1933年7月，"太原市国术促进会"改组为"山西省国术促进会"，任副会长兼教务主任。同年10月，第5届全国运动会任拳术及器械裁判、射箭暨弹丸裁判。1934年5月，山西省国术促进会董事会成立，三晋名家名师多被邀集于国术促进会，研习传技，组织开展了全省性的武术活动。据载，当时并州（太原）城内习武者有3万之众，可谓盛极一时。新午先生成为近代山西武术运动发展的开拓者之一，堪称山西武术史上一代领军人物。

新午先生深谙各家拳法，武功纯厚，尤专于太极散手，攻、防、技、击无不得心应手。其一生应对各种交手，从未有过失手。然其与人较艺，点到为止，从不出手伤人，其品行、技艺为诸多武林好友敬佩。20岁始收徒，弟子逾百人，刘玉明、董桂、米书年、张安泰、曹瑞芝、陆沉甫、李毓秀、张思杰、薄应麟、梁春华、郝学儒、申子荣、马野居、李桂昌、王锦泉、王延年等武德兼优之人，皆出其门下。

抗战爆发后，新午先生以保家卫国为己任，1938年冬，集省内习武者千数人，皆桓桓之士、夙精技击者，建立了第二战区武（技）术纵（总）队，膺总队长，御倭于晋西南吉乡之间。

1940年春，新午先生自晋入陕，以第一名成绩通过行医资格考试，并被卫生局聘为顾问，从而"行道于秦"，悬壶长安，屡起沉疴，名声与时。抗战胜利后，被中医界同仁推举为西安市中医师公会理事长，并创办了《医药汇刊》，任总编。同时，开创了贫民免费门诊。

新午先生在陕，尽管医事繁忙，仍不忘国术之弘扬。1942年于西安出版了《太极拳法阐宗》一书，1948年于西安市青年会创办了国术班，从练者近百人。

中华人民共和国成立后，1950年，新午先生作为西北地区中医代表，赴京参加第一届全国卫生工作会议。1952年组建了首个医界联合诊所——西安民益联合诊所，任所长。1954年，西安市中医医院成立，任医务部主任，并先后兼任全国卫生科学研究委员会中医专门委员会委员、西安市中医学会主任委员、西安市卫生工作者协会常委、西安市第二区人民代表、西安市卫生局中医顾问、西安市中医业余大学副校长、西安市中医讲师团团长、陕西省科学院委员、陕西省政协委员等职。

1956年，新午先生应邀参加全国十二单位武术表演评奖大会，任裁判，受到贺龙元帅亲切接见，并应邀在中央党校作《太极拳与医疗体育》之学术报告，颇受好评。

1956年秋，西安市乙脑肆虐，新午先生受命率防治小组赴市传染病医院主持乙脑治疗，广取古今医家之长，辨证施治，治愈者甚多，获卫生部嘉奖。

1985年，新午先生所创太极拳套路，经山西省体委挖整命名为"（王）新午太极拳"，成为全国武术比赛参赛项目。

新午先生学医，先《内》《难》而旁及各家，所及经典能倒背如流。医事之余手不释卷，藏书百部，章章有批注，部部有札记。武术而外，尤喜诗文、书法。恢宏豁达，谈笑风生，盖其所学非止于医。

先生从医二十五载，每临诊，慎思明辨，审其隐曲，处方发药，如矢中的。尤长于伤寒、温病之学，对急性热病，每每收起死回生之功。

虽医务冗忙，但在兼任西安市中医业余大学副校长及讲师团团长期间，对教学工作极为重视，写讲义，授经验，亲力亲为，广开思路，敢于创新，为提高中医医疗水平及西医学习中医培养了大批优秀人才，誉满三秦。

新午先生一生，对中华武术、医疗体育多有倡导。著有《太极拳图说》《岳氏八翻手拳法》《太极拳拳技》《太极拳十三式拳法理论》《太极拳法阐宗》《太极拳法实践》《太极拳精义》《流行性乙型脑炎西安市中医治疗纪实》《王新午医话医案》（内参）、《王新午王伯武医话医案》等。

新午先生的一生，奉献给中华武术和医学的发展、传承，可谓执着的一生，奋斗的一生，奉献的一生。

序

我国国术之妙，首推太极拳，贤愚所共知，而首倡国术救国者，厥惟太极拳宗师许禹生、吴鉴泉诸先生。许、吴之弟子遍海内，而克绍其薪传、驰誉华北者，独见夫王子新午焉。新午官并门，以是术倡，三晋大化，翕然成风，文武之士罗拜其门者数千人。新午历宰名邑，所至称贤有司。率数县壮士与倭人战，每战辄捷。料敌进退，如指诸掌，人咸惊异其才能，余知其得力于太极拳者独多也。自敌寇深入，新午乃去政治而专军事。阎公百川命组技术总队，不三月而成。皆桓桓之士，夙精技击者也。余观其道，所持者信义，所用者忠勇，深入人心，诚足以团结精神，杀敌致果。其赏罚之明，纪律之严，皆不以法绳，而以义励。是知日优游于礼义廉耻之中，而能忠勇严明以急国难者，乃尽出于国术之士，其视一般为何如也。余闻新午言：太极拳以健身应用为末，其一贯之传，惟相交以道，相尚以义，重气节，轻生死，始终不渝，故其宗派屹然为世所崇拜，因出《太极拳法阐宗》一书以见示。余固深知新午技击之神奇，而不期其用意之深如此也。然则宗派之阐扬，诚有不可一日缓者。新午军书旁午，日孜孜于进退攻守之策，此书之成弥足贵。乃不欲人之题序，虑掩其真也。余提一军与新午共患难，因感书数语，弁之书端。是为序。

一九三九年冬沧江钓徒序

序

客岁夏养疴西安，得识汾阳王新午先生。数夕倾谈，相见恨晚。盖先生不但学识渊博，医术精深，而于内功拳术之造诣，尤非一般拳术家所能望其项背。

先生所著《太极拳法阐宗》一书，曾浏览数次，不忍释手。理论既极透彻，应用又甚精详。熔名家传授于一炉，继内功拳术于绝世。振衰起弊，健种强身。裨益后学，良非浅鲜。

旷观古今扶危济困，雪耻复仇，惊天地泣鬼神之伟大事业，每出于豪侠之一流。诚以艺高则胆壮，身健则气充。一遇不平，则侠肝义胆、忠勇之念，不觉油然而生，虽赴汤蹈火亦所不辞。值此国难严重、人心浇薄之时，正宜扶持正气，挽救颓风，砥砺献身殉国之精神，养成成仁取义之信念。则其收效之宏，当不只健种强身已也。

余久历戎间，尝习太极拳以自娱。初不过藉以锻炼身心，未暇精研细究。及蒙先生之指点，并阅先生大著，始悉个中微妙，绝非浅薄如余者所能道其一二。兹当是书付梓之期，属余为文，聊缀数言以志念。

李兴中写于巩县康店军次一九四二年三月二十六日

序

天生人而赋与力智，欲其平等生存也。强者妄用力智，杀人以自雄；弱者怠用力智，依人以求活。杀人、依人，同为悖天，悲惨世界所由成也。中国自秦汉以后，学术败坏，进化之机以熄。民族之力智日趋微弱，生产衰落，依人为活，又何怪敌人之日肆侵凌也。忧国之士，伤民族之陵夷，倡为国术救亡之论，而尤致力于太极拳法。太极拳法，乃身心兼修之武术，为国术之最上乘。惟是传授纷歧，渐致讹误，不克收强种救国之效。汾阳王新午先生，邃于医，而尤精于太极拳法。于身心兼修之道、内外并用之功，研之有素，习之有成。悯学者之误入歧途也，著《太极拳法阐宗》上、下二编。于太极拳之派别、文献、姿势、步法以及原理、应用，阐发靡遗。洵太极拳法之指针，而后学者之津梁也。国人苟能循此潜修，自强不息，以养成强健之身心，洗东亚病夫之诮。夫然后以之持身，则仁而明；以之为国，则忠而勇；以之生产建设，则文明而进步。方将举先圣仁民爱物之大道发扬于世界，岂仅以摧彼强敌已耶。是为序。

一九四二年五月中旬解梁樊豪窗序于西安客次

序

释氏有体而无用，管晏有用而无体。昔贤之论体用，既精且审矣。实则释氏之体非体也，管晏之用非用也。吾之所谓体，惟精惟一；吾之所谓用，仁民爱物。夫然后体用兼资，知行合一，美善醇备，夐乎尚矣。

汾阳王子新午先生，与余订交有年。为人虚怀如谷，罔知其兼儒文侠武之长，此其中殆有大过人者。先是新午擅形意拳。游故都，从诸大师问业，遂改故辙，专精太极拳。垂二十年，承学之士云集，名知海内久矣。兹者、出其所著《太极拳法阐宗》上下两编见示，寻绎再四，洵属太极拳法之正宗，而为空前罕觏之杰作。回忆民国十六年，"国府"奠都南京，余承乏"内政部"土地司时，同侪相与提倡拳技，亦尝参与其列，但时习时辍，终鲜成就。去岁奉命来陕，主持"中央银行"。念国难之严重，愈感身心锻炼之必要。因与同仁约聘教帅，习太极拳式。初谙蹊径，固未敢以蠡测莛撞之词妄赞高深。而独于是编所揭橥太极拳之体用一章，精警透辟，不禁叹为观止，盖又技而进乎道矣。

且新午尝从政从军，殚竭精力，倡导太极拳法。宣勤于抗建之途，周旋乎疆场之上，是则试用其技术于事功者屡矣。顾犹虑其道之湮没弗彰，师承之宗风陨坠，更为阐述原理，别其宗派，正其讹伪，词而辟之，著之于篇。殆亦邹鲁之遗响也欤。惟冀览是篇者，溯理论而精技术，得窥体用之正。俾由形下之技，进而求形上之道。庶几蕴藉于精一之旨，溥利于爱物之用，以别于释氏、管晏之体用。则于太极拳法之精义，与夫新午之著是编之苦心，将有更深之玄契也已。故乐为之序。

壬午春太原马铎拜序

一九四二年春

序

予与王君新午为总角交。生同里，少同游，谊订金兰，交称莫逆。年事稍长，不惟学行砥砺，且以政治文章相勖勉。新午于修学之暇好拳术，而予颇不欲为。尝谓之曰："拔剑而起，挺身而斗者，匹夫之勇也。赖人提撕而能动作者，傀儡与木牛流马也，习此安为。君殆欲效班定远投笔从戎，飞而食肉，以攫取万户侯耶！"新午笑曰："天赋人以五官百体，不善运用，则行尸走肉耳。人各有志，君毋哓哓。"予性喜篆刻，每藉以自遣。新午则谓金石刻画是亦千秋不朽之业。予知其意，乃辴然曰："此正拟为足下镌斗大黄金印耳，毋相诮。"及其壮也，学仕入官。新午历宰大邑，卓卓有政声。参军戎幕，率健儿以前驱，为国宣勤。予侧身曹椽，与俗浮沉，虽博渌水红莲之誉，而人乃仅以文士目之。视新午弗如远甚。迨国难作，新午从事戎行，大显身手。而予仓皇入陕，举平日所弄之书画金石，弃之如遗。新午后予来关中，悬壶长安市上，隐于医，乡人之侨寓于秦者，多利赖之。并仍著书立说，传习太极拳法，孜孜不倦。及门称弟子者甚众。以一人而兼两艺，各不相掩。盖新午之医术与其拳法，皆本之太极也。嗟乎！古之圣贤豪杰成大名、立功业者，即兼擅艺术，往往为其功名事业所掩，人多忽之。新午乃兼以艺术显耶。予则雕虫小技，更卑卑不足道矣。新午近编《太极拳法阐宗》一书，脱稿后属予为序。故所言如此，未识新午以为何如。

壬午（一九四二年）春文叔孔昭来序

序

  盈天地之间，莫非太极阴阳之妙，岂止一拳术已哉，予于华佗之五禽经曾研讨习练，而未克得其精奥。至若拳术，则为门外汉，何能妄赞一辞。然顾名思义，可见端倪。夫太极本于无极，两仪四象由太极而生，演变无穷，不可思议。河洛图书，奇耦相应，亦悉本太极之至理。太极本无动静，动静者，属于气机。古人注《易》，谓对待者数，流行者气，主宰者理。其于太极动静分合，固已包括靡遗。今拳术以太极名，刚柔、辟阖、进退、消长，当不外是。予友王君新午，精于医，兼擅太极拳。师承有自，徒众日增，敬业乐群，博学亲师，夙为同侪所敬仰。尝闻新午云：待机必静，而后言动。养气以理，真宰不失。即此数语，不啻为《太极拳法阐宗》一书之提纲矣。足征持重不苟，知几如神。世之矜血气尚技击者流，徒夸健儿好身手，又乌足望其项背耶！予老矣，腰脚笨拙，欲执弟子礼而不果。但见猎心喜，伏枥长嘶，时有跃跃欲试之心，得毋笑我为蚍蜉撼树不自量力耶。回忆少年时，结交游侠，奔驰关陇从事于革命之时，华发皓首，不禁感慨系之。予以业医，得与新午友。天元太虚阴阳五行之说，切磋观摩，为时既久，交日深，知之挚。医学家云乎哉。拳术家云乎哉。

一九四二年六月长洲宋紫峰序于西安

送新午归晋

羡君侠骨自天成，启秘寻源我亦惊。

此日已能腾众誉，他年定可冠群英。

破荒蹶起思先觉，护道行功赖后生。

毕竟强身始卫国，苦心孤诣树风声。

一九一九年夏许禹生作于京师

自序一

　　太极十三式拳法，自有清咸同之间始著称于世，学者甚众。迄清之末叶，京兆许禹生先生首倡于故都，稍得文人士大夫之重视。三十年来流传遍海内，非当时初料所及也。第所资以为师承之具者，惟赖口传指授。先生乃著《太极拳势图解》一书，为初学者作津梁，于今殆二十年矣。岁丙子，先生承百川阎公之召，抵三晋讲学。于时有以求深造是术，请先生续著以示途径者，亦正全国人士所同望也。先生以公冗，不获走笔，乃命余依次编述以问世。自审驽骀，惧无以负长者之望。爰本先生之所传，分章陈述，语不离宗，间有参以己意，亦据二十余年来集同学数百人之经验，实事求是，非一人之私言。故于拳法利病，着劲应用，反复列述，不厌重复，先后杂出，不加修饰，以言谨严，瞠乎远矣。并世作者如林，陈意比事，词藻瑰丽，窃未敢企，惟旨在阐发拳理，竖立行功入手之阶梯，增强健身实用之效能。非驰骋词章，纵谈考据，自比于作者之林也。善习者，循序渐进，玩索有得，虽不获养叔穿杨之技，或少挽王良诡遇之风乎。重以先生之命，特志其缘起云尔。

一九三七年丁丑夏新午王华杰序于偏关县署之威爱堂

自序二

据私家谱记载，内家拳法起于元季明初之张三丰先生。张固道家者流，故以太极之理言技。传及近代，世颇珍之，而以河北杨氏之传为正。杨氏自露蝉先生精是术，号称"无敌"。得其传者，为其哲嗣班侯、健侯及弟子全佑、凌山、万春、纪德诸先生。健侯有高足曰许禹生，全佑有克家子曰吴鉴泉，功行皆冠于时，治技者咸拜下风焉。余志学之年游金台，礼接各派名师，胥皆功行精绝，各具专长，而无不兼研太极功者。乃决然舍去曩昔所学，问道于吴师鉴泉。说着于纪师子修（名德），讲劲于许师禹生。复承各派名师益友之熏陶，而深悉太极拳言气言劲，纯根于古之导引术。三十年来，尤觉导引之微，技近乎道，一般徒作技击观者，盖卑之矣，又岂所谓举手投足之运动者所可同日语哉！抑余闻之古语曰"临渊羡鱼，不如退而结网"，又曰"为政不在多言，顾力行何如耳"。今人每美古人之技艺神奇，资为掌故之谈，而于自身良知良能之发挥反漠然视之。盖暴弃之心重，而竞争之志薄也。有提倡斯道者，亦多偏于标榜宣传之弊，而不见事功之成，是又重犯多言之戒，而力行之意轻也。矫其枉而直之，厥惟知行一致，实践而不计功。体用兼修，明辨以笃其行。庶真传不失，古意不晦。余夙以此为志者久矣，自问无所底，然勉其所已知，而益其所未知。则日夕兢兢也。

昔者并门同志强笔其所知以行世，计已灾梨枣者数种。而《太极拳法阐宗》一书，重以余师许公之命。稿勉就，未付剞劂。"卢沟事变"后，失去十之二三，有心之士，促余足而成之。乃于军事之余，疾书补著。滥冗阙漏，知不免也。倘蒙方家教而正之，所欣幸焉。

一九三九年岁次己卯十一月十一日新午王华杰序于第二战区司令长官司令部技术总队，时在乡宁防次

编辑大意

一、本书继许禹生先生所著《太极拳势图解》而作，以阐发太极拳固有之道义。寓提倡忠勇、豪侠，明礼义，知廉耻，轻死生，重气节之精神，与以门户自限者有别。

二、本书分上下两编。上编分述太极拳之流派、意义、文献、名著、教练法及术语释义。下编分述太极拳路姿势、步法、身法、使用法、推手术及体用概论。寓先知后行，知而更易行之意。

三、本书原稿遗失，续编于军书旁午、枪林弹雨之际。为求明畅，不加修饰。因是编为技术书，非学理书故。

四、本书注重实事求是，养成国术技能。于散手使用法，着着详叙。皆实施于平时及军中而有显著效能之技击法，且可着着实用于推手术中。阅者幸予注意。

五、本书之编成，正民族自卫战争紧急之时，名人题序，多行谢绝。其所作跋词者，皆曰与共患难同生死之士，与本书之产生有关，故悉付于书末。

六、本书仓促编著付印，简略冗杂相间，未能曲引旁通，俟再版时再行补正。阅者幸予原谅。

七、本书插图原系铜版，经刘君琢之携往汉中，因被敌机轰炸烧毁，故改用木刻，阅者谅其简略。

八、宋岳武穆、明戚南塘军中皆以忠勇信义之精神为体，而以武术之技能为用，故岳家军、戚家军之声威至今犹著。凡执戈卫国之士，皆宜步其后尘，不敏如余，亦存请自隗始之意也。

九、本书先后编辑时，有刘君琢之、张君成之、杨君博生、许君彭久、裴君汉藻及米书年、董桂、邵英斌、梁春华、陆雨桂、赵思杰、王念祖、张万荣、李毓秀、傅殿森、聂立轩、王甸侯、薄应遴、侯汉三、沈希贤、师骏泽、郝文冲、李宗汉、刘邦麟、王祖清、李搏九、马振邦（马野居）、和玺卿、马秀棠、常富有、邢国英、于友三诸君分别担任缮校绘图，特书于此，永志不忘。

编者识

目录

上 编

第一章 太极拳流派 …………………………………… （2）

第一节 国术源流与太极拳 ………………………… （2）

第二节 许宣平之三十七式 ………………………… （4）

第三节 李道子之先天拳 …………………………… （4）

第四节 程元涤之小九天法式 ……………………… （5）

第五节 宋仲殊之后天法式 ………………………… （5）

第六节 张三丰之太极十三式 ……………………… （6）

第七节 陈长兴之太极拳 …………………………… （6）

第八节 杨福魁之太极拳 …………………………… （7）

第九节 许禹生之太极拳 …………………………… （8）

第十节 宋书铭之太极拳 …………………………… （9）

第二章 太极拳之意义 …………………………………（10）

第一节 太极拳效能 …………………………………（10）

第二节 太极拳与易象 ………………………………（12）

第三节 太极拳与体育 ………………………………（16）

第四节　太极拳与科学……………………………………（18）

第三章　太极拳文献……………………………………（22）

　　第一节　张三丰传…………………………………………（22）

　　第二节　张松溪传…………………………………………（24）

　　第三节　王征南墓志………………………………………（25）

　　第四节　王征南内家拳法…………………………………（27）

第四章　太极拳名著……………………………………（31）

　　第一节　太极拳论"附注"…………………………………（31）

　　第二节　太极拳经详注……………………………………（34）

　　第三节　十三式歌…………………………………………（39）

　　第四节　行功心解…………………………………………（40）

　　第五节　打手歌……………………………………………（40）

　　第六节　八字歌……………………………………………（40）

　　第七节　心会要诀…………………………………………（40）

　　第八节　周身大用歌………………………………………（41）

　　第九节　十六关要诀………………………………………（41）

　　第十节　功用歌……………………………………………（41）

　　第十一节　用功五志………………………………………（41）

　　第十二节　四性归原歌……………………………………（41）

第五章　太极拳教练法…………………………………（43）

　　第一节　教授太极拳应施之步骤…………………………（43）

　　第二节　练习太极拳应历之程式…………………………（44）

第六章　太极拳术语释义 ……………………………………（46）

  第一节　虚领顶劲气沉丹田 ……………………………（46）

  第二节　提吊裹护含拔松沉 ……………………………（47）

  第三节　中正与单重双重 ………………………………（48）

  第四节　着劲粘走 ………………………………………（49）

  第五节　开合鼓荡偏抗丢顶粘连黏随 …………………（52）

  第六节　实地应用各名词 ………………………………（52）

下　编

第一章　太极拳路姿势图说 …………………………………（56）

第二章　太极拳之步法与身法 ………………………………（96）

  第一节　步法 ……………………………………………（96）

  第二节　身法 ……………………………………………（98）

第三章　太极拳散手 …………………………………………（100）

第四章　论太极拳推手术 ……………………………………（117）

第五章　推手术八法释名 ……………………………………（118）

第六章　太极拳应用推手 ……………………………………（120）

  第一节　太极拳之桩步 …………………………………（120）

  第二节　单搭手法 ………………………………………（120）

  第三节　双搭手法 ………………………………………（120）

3

第四节　单手平圆推揉法……………………………（120）

　　第五节　掤按推手法………………………………（121）

　　第六节　单手立圆推手法…………………………（121）

　　第七节　掤挤推手法………………………………（121）

　　第八节　单压推手法………………………………（122）

　　第九节　压腕按肘推手法…………………………（122）

　　第十节　四正推手法………………………………（122）

　　第十一节　四隅推手法……………………………（122）

第七章　太极拳体用概论……………………………（124）

　　第一节　顺序………………………………………（124）

　　第二节　明理………………………………………（127）

　　第三节　辨虚实……………………………………（131）

　　第四节　明攻守……………………………………（132）

　　第五节　知机变……………………………………（134）

　　第六节　审诡诈……………………………………（135）

　　第七节　务实用……………………………………（136）

　　第八节　识时势……………………………………（140）

　　第九节　禁骄吝……………………………………（141）

　　第十节　广见闻……………………………………（142）

第八章　太极拳辩惑……………………………………（144）

　　第一节　行功真谛…………………………………（144）

　　第二节　着劲应用…………………………………（145）

跋一 …………………………………………………（146）

跋二 …………………………………………………（148）

跋三 …………………………………………………（149）

鸣谢王新午大夫 ……………………………………（150）

附录一　王新午太极拳散手歌诀（太极拳秘传歌诀）………（151）

附录二　山西省国术促进会史略 …………………（159）

附录三　王新午先生授业 …………………………（160）

附录四　王新午先生《太极拳法阐宗》抄本展示 …………（162）

附录五　太极拳势运动顺序全图 …………………（174）

上编

第一章 太极拳流派

第一节 国术源流与太极拳

尝有称武技、武艺、武术、拳术、拳技、拳勇等不同之名词,自民国而后,见有称为国技者,义皆甚当。于1928年定名曰"国术",言为我国固有之武术也,其为义尤重矣。盖非徒高其名,实以国术有强国强种之伟大能力,而我国之强,更非此莫由。故政府定为图强之大计,人民视为健身之良药。是必须保存之、提倡之、改进之、力行之,毋负文明古国之名,一洒东亚病夫之耻。吾人顾名思义,其亦知所兴起乎。

国术之传,说者以五代之季达摩之入少林为始。然考黄帝造弓矢驱蚩尤,已为国术之滥觞。降而周秦之间,剑术甚著,迨汉晋隋唐,则日趋于盛。其间豪人奇士,著闻者甚多,试读司马氏《游侠》,与《汉书·方伎》等传,可以知之矣。所谓精精空空,亦代有其人,未可目为荒诞。宋元以降,稗官野史所流传,此术大行于世,统系复杂,流派日多,而皆推达摩为之祖。盖先之者,非达摩无以传;后之者,非达摩无以法乎。或曰,国术之始,始于上古之导引术。古者医药尚未发明,人之病者,则俯仰作势,以意导气,使血脉通畅,而病自失。能继针砭所不及,学仙者依为难老之法。后汉华佗以"五禽经"(虎、鹿、猿、熊、鸟)授吴普。普行之,九十余而颜发不衰,盖即古导引术之遗法也。少林寺僧人,以华佗之法与达摩罗汉功融合而作五拳;又宋岳武穆因学达摩"易筋经"而创双推手之法,是皆注重应用,失体育原意,然即国术之进步也。以此观之,达摩所传之法,如易筋经、罗汉功等,仅从事于体魄之锻炼,以安灵魂之修养,并未涉及武术,而前于达摩者已有流传。然则达摩虽未创武术,而先之者无统系之可考,后之者就其法变造以为世倡。宜乎世之言国术者,咸宗少林。而少林之传,必推达摩为开山祖也。少林之最著可知者,有洪蕴禅师、觉远上人、一贯禅师、征隐上人、独杖僧等,世并目之为外家。

外家者，出家之意，以示别于在家者也，至元季明初，有儒者张三丰先生，融会各家之长，纳五行八卦等哲理于拳术步法方位之中，而以周易太极之理喻其作用，注重精神上之修养，名曰太极十三式拳法，曾游武当山，世遂以"武当派"称之。又如宋岳武穆之形意拳、清董海川之八卦拳及各名家巨子，代有创作，流传至今，派别滋多，分道扬镳，各争门户，世并称之为"内家"。而以少林、武当为派中之最著者耳。惟往昔以派别门户之不同，而主奴污附之争竞遂起。盖学之者多学识浅薄，素不注重武德，是己非人，其行甚鄙。以致谨厚之士，视习武为卑下，有嗜之者，辄屏弃不齿，成为习惯，人多裹足。稽诸已往之史，文人士大夫不屑道焉。而武道遂凌夷不振，真传渐失。悲夫！失传之原因，在乎国人之屏弃。国人屏弃，在乎武德之不重。武德不重，始于门户之见。于以知门户之争竞，实自绝其传之工具。今之学者，尚是己非人，津津标榜，诩诩自得，讵非下愚不移之甚者耶！故政府正其名曰"国术"，亦存破除门户意见之深意，杜塞自绝其传之争竞，其兴灭革弊之苦心孤诣，诚不浅哉。内外家之相轻互诋，既深为世病，而内外功之淆混谬说，亦遂不辨其真伪。内家、外家，乃在家、出家之意。凡在家之练武术者，虽非武当，亦内家也；凡出家之练武术者，虽非少林，亦外家也。内功、外功之意，非指内家外家而言，惟视其所练之术而定。无论武当、少林及任何派别，其专主锻炼筋肉骨骼皮肤者为外功，其专主锻炼脑筋脏腑神经感觉以及精气神者为内功。但专练外功者，其内部未必不练，决无精气神不动而筋肉骨骼皮肤可单独自动者。惟练内之成分少，练外之成分多耳。专练内功者，筋骨皮肤决不能不牵动，惟练外之成分少，练内之成分多耳。此特就专者而言。凡功深者，无不内外俱练而后有成，则所谓专练者，尚非完善之法。今人自诩其专精，且未见其专精者，何所谓哉。

  国术之源流，概如上述。若质言之，实自有人类始。盖古者人与兽争，进而人与人争。于是择其确切能施于实用之斗争应用方法编为定式，从事教练，是即国术之嚆矢。其相传递嬗之述，虽不得而详，然逢蒙学射于羿（《汉书·艺文志》有逢门射法，即逢蒙）。庾公之斯，学射于尹公之他。尹公之他，学射于子濯孺子，厥后盖聂荆卿，源渊有本。则国术之有统系，固不自达摩始，惜无详切之记载已耳。溯自孟轲著论，小勇遭嗤，叔孙定体，英雄无用，启后世重文轻武之习尚，为民族萎靡自杀之工具。自汉以来，腐史所记，游侠之流，尚绍战国之风。奇杰之士，多屈山泽，历代因之，以至于今。吾民族之不振，盖有自矣。今略叙其源，备有志者之参考，为提倡国术之张本，盛强之道，或基于是。

前述太极拳法传自元季明初之张三丰先生。言国术者，尽人而知之。然考太极拳法，实有数种，其名称不同，惟张三丰所传，始名太极十三式，与许宣平之三十七式大致相同。盖以太极一图，于宋始见于世。张固道流，故假太极之理以言拳，以其拳法包罗各家之精英，而归根于修养，与无极太极拳理相因应，剽名太极，非神其说也。于是得后世之推崇，执拳术之牛耳，发挥光大于今世，渐成为中国之新体育，其播益于世，诚未可量也。

第二节　许宣平之三十七式

许先师，名宣平，唐时江南徽州歙县人。隐城阳山，结檐南阳。辟谷。身长七尺六，髯长至脐，发长至足。行及奔马。每负薪卖于市中，独吟曰："负薪朝出卖，沽酒日夕归。借问家何处，穿云入翠微。"李白访之不遇，题诗望仙桥而回。其所传之太极拳功，系受业于于欢子。名"三十七式"，因共三十七式而名之，又名"长拳"。长拳者，因如长江大河滔滔不绝无间断也，总名"太极拳三十七式"，其各式名称与太极拳十三式大致相同。其不同之名称，为弯弓射雁、簸箕式、雀起尾、弹指、泰山升气、推碾、挂树蹬脚等数式。尚有四正、四隅、九宫步、七星八步、双鞭、双摆连等六手在外，以之锻炼腰腿，舒展血脉。其锻炼之法，为单式练习，一手练成，再练一手。而所练之手，亦不固定次序，惟在练者自择。至三十七式逐一用成，则自然贯串，能呵成一气，故又名长拳也。

第三节　李道子之先天拳

李道子，唐时江南安庆人。所传太极功，名曰"先天拳"，亦曰"长拳"。相传李道子生经数代，自唐迄明，尚在人间。其拳法至宋时传于江南宁国府俞氏。至明时尝游武当山南岩宫，不火食，第日啖麸数合，人又称之为"夫子李"。见人不及他语，惟云"大造化"三字。宋远桥之远祖尝过宁国俞家，知先天拳亦如三十七式，而为太极拳之别名。俞家之功，为唐李道子所授，代代相传，每岁必往拜李道子庐，至宋时尚在，金元之际，不知所往。至明时宋远桥、俞莲舟、俞岱岩、张松溪、张翠山、殷利亨、莫谷声等久相往来金陵之境。远桥、莲舟往游武当山，遇夫子李，面垢土厚发，参参味臭。历述莲舟上祖俞清慧、俞一诚之名，且曰："吾在此几十韶光，未及一语，今见汝，诚哉大造化也。"因授莲舟秘歌曰："无声无象，全身透空。应物自然，西山悬磬。虎吼猿鸣，水清河静。翻江倒海，尽性立命。"莲舟至是不但无敌，遂得全体大用焉。此歌七人皆知其句，后同往武当山，再访夫子李不遇。道经玉虚宫，见玉虚子张三丰，乃张松溪、张翠山之师也。当袁项城盛时，有幕友宋书铭，自言为宋远桥后，精易理，善太极拳，其传多源于许宣平、李道子也。

第四节　程元涤之小九天法式

程灵洗，字元涤，江南徽州府休宁人。受业于韩拱月，太极之功，成大用矣。侯景之乱，惟歙州得保安宁，皆灵洗之力也。梁元帝授以本郡太守，卒谥"忠壮"。传至程珌，为绍兴中进士，授昌化主簿，累官至吏部尚书，拜翰林院学士。立朝刚正，风节凛然，晋封新安郡侯，以端明殿学士政仕卒。珌居家常平粜以济人，凡有利众者，必尽心焉。所著有《洺水集》。珌将太极功改名为"小九天"。追流溯源，韩拱月所传也。共十四式，其中提手、单鞭、穿梭、大小裆捶、揽雀尾等数式与太极十三式名称相同。此外，如叶里花盖即肘底捶，猴顶云类似倒捻肱，其余亦大同小异耳。程灵洗所著《观经悟会法》云："太极拳非纯功于《易经》不能得。以《易经》一书，必须朝夕悟在心内，会在身中，超以象外，得其环中，有人所不知而己独知之妙。"对于太极拳之体用已昭然若揭。宋远桥所谓"无论何等名目拳法，惟太极不能有两说"，即此可知太极拳种类名称虽不一，要皆出于一源而变化各异者也。

第五节　宋仲殊之后天法式

宋仲殊，学太极功于胡镜子。胡在扬州自称之名无可考。仲殊，安州人，所传之人有殷利亨。其拳法名后天法，亦以掤、捋、挤、按、採、挒、肘、靠为主，与太极十三式功用相同，根本则一。仲殊尝游姑苏台，柱上倒书一绝云："天长地久任悠悠，你既无心我亦休。浪迹天涯人不管，春风吹笛酒家楼。"可想见其风概。后天法共十七式，除八方捶、阴五掌、阳五掌三式外，皆属肘法，

5

变化万端，极运用肘法之能事，于手步之外，多所助益。殷利亨之后其法尚在，而其传不详矣。

第六节　张三丰之太极十三式

张三丰，名通，一名全一，又名君实。三丰其号也。元季辽东懿州人，又名张邋遢。或言宋之技击家。本武当丹士，身长七尺余，美髯如戟。寒暑戴一箬笠，日能行千里。自洪武初，至太和山修道，宋远桥、俞莲舟等七人往访，共拜之，耳提面命，月余始归。自此不绝往来。其所传张松溪、张翠山之拳，名十三式，即吾人所习之太极拳也。

前说采宋远桥所著《十三式之源流》，而今之言内家拳以三丰为祖者，其说有三。一说云："内家拳起于宋之张三丰。三丰为武当丹士，徽宗召之，道梗不得进，夜梦玄帝授之拳法。厥明以单丁杀贼百余。三丰之术，百年以后流传于陕西，以王宗为最著。温州陈州同从王宗受之，以此教其乡人，由是流传于温州。嘉靖间张松溪为最著。"一说："三丰为宋徽宗时人。值金人入寇，彼以一人杀金兵五百余。山陕人民慕其勇，从学者甚多，因传其技于陕西。元世祖时，西安人王宗岳得其真传，是为北派。传河南蒋发。蒋发传河南陈长兴。"一说："张三丰既精于少林，复从而翻之，是名内家。得其一二，已足胜少林。"以上三说，互有出入。称张三丰为宋人，所传者为内家拳，且言其精于少林，其说均始于清初，然未尝确指为今之太极拳。而考明史所记张三丰传，则亦未尝言其善拳法。以太极拳为三丰所传记载最详者，似以宋氏家传谱为可据耳。

第七节　陈长兴之太极拳

陈长兴，河南怀庆府陈家沟人。立身常中正，行止端重，人称之为"牌位陈"。长兴父秉旺，与弟秉壬、秉奇，均精太极拳，号称三杰。长兴曾设药肆于广平府，门徒甚众。子耕耘，字霞村，能世其业。长兴之徒，以杨福魁为最著。按《陈氏家乘》载："远祖名王廷、字奏庭者，明末清初人，精太极拳。于山西访友，遇老叟命一童与之扳跌。童子遂搂其腰亮起，用膝膝其气海者三，忽老幼皆不见。又后有蒋姓仆于公，其人能百步赶兔，亦善拳者也。"窃按蒋发,人称蒋八,曾从登封李际遇与奏庭战。蒋八当即蒋发。发自山西学太极拳,造诣甚深,盖得王宗岳之传。后至温县,从陈氏,必将其所能传于陈沟,是蒋之太极拳,非自陈沟学也。而奏庭自述词中有"闷来时造拳,忙来时耕田"之句,遂有谓太极拳法创自陈氏者,未足以为信证。以太极拳自唐以来已盛行于世,历宋元明清,流派更多,其名称亦不一致,今人总名为太极拳耳。按之三十七式、小九天、后天法等,与十三式非但原理不异,即姿势名称、着劲方位相同者多,不相同者少,因此可证知太极拳不自陈氏始。陈氏所造者,亦未必为太极拳。若创于陈氏,何能与唐宋以来相传者多相同耶?此仅就太极拳之范围说也。若考太极拳式中之懒扎衣、单鞭等名称,明戚南塘《纪效新书》中有之。山西洪赵诸县所传之通臂拳,尤什九相同,则又不仅太极拳所专,而亦可知非创自陈氏也。即陈氏谱中之各种拳械,亦未可肯定为陈氏所自创,以流传极为普通,能者甚多,且非一派一门之术。惟陈氏拳法在清之中叶为最盛,而长兴以其徒杨福魁,始播其术于燕京,即今盛行之杨氏太极拳也。陈氏之传他姓者固不少,第能者甚鲜。杨氏之外,则有武禹襄。禹襄与杨氏同乡,见杨所学臻于神化,遂至赵堡镇,受教于陈清平,月余而归。传其甥李亦畬。亦畬所传,可知者有郝和,字为真。清平为陈有本之门人,商于赵堡镇,所传有和兆元、张开、张睪山等。《陈氏家乘》云:陈有本,字道生,于太极拳已得骊珠。所传陈清平、陈有伦、陈奉章、陈三德、陈廷栋,均有所得云。

第八节 杨福魁之太极拳

杨福魁,字露蝉,清直隶广平府永年县城内南关人。幼习外功,尤精于二郎拳。闻陈长兴工太极拳,与同里李伯魁共往师焉。因初习太极拳,贵以柔缓运劲,而杨等久于外功,失之偏刚,未能一旦变为柔化,陈遂先授以太极推手法。二人因往来推荡,互相掷击,昼夜用功不稍懈。陈见杨之勤学,遂尽传其秘。杨学之十余年,技成而归,传其术于乡里。迄今河北广平一带,咸称之为"软拳",亦曰"化拳"。露蝉聪慧绝伦,于太极拳原理运用多有所发明。当时武术界月旦者,称其刚柔相济、天下无双,号之曰"杨无敌",名满天下矣。尔时清亲贵王公贝勒多广纳江湖异能之士以自炫。露蝉以式技冠燕都,从之游者凡八王,故号露蝉为"八侯"。生子三人。长名锜,早卒。次名钰,字班侯。三名鉴,字健侯,号镜湖。弟子之最著者为万春、吴全佑、凌山、纪德诸人。

而以班侯之技为冠。其时王公贵胄虽提倡武术，然每阿其所好，互争短长。或聘拳师入府邸从习，或就所管衙营分聘教士卒。于是露蝉与班侯、健侯常驻端王邸教太极拳，董海川在肃王邸授八卦掌，郭云深在毓公府授形意拳，雄县刘士俊在东营（六条胡同）教岳氏散手，班侯在西营（香儿胡同）教太极拳。东西两营时相水火，而名师辈出，英才济济，亦可想见当时国术中兴之盛矣。全佑技亚于班侯兄弟。子爱绅，字鉴泉，尽传其父学，且善角抵。有王有林茂斋者，亦受业于全佑。纪德，字子修，与凌山友善。初从雄县刘士俊学岳氏散手，继从露蝉学太极拳，刚柔相济，自成一家。能卧地以臂挡重车轮，燕京号之曰"铁臂纪"。轻捷如猿，至八旬尚健如少壮。健侯子三人。长兆熊，字梦祥，号少侯。仲兆元，早亡。叔兆清，字澄甫。梦祥能传其父学。健侯弟子甚众，最著者为许禹生，精易理，于太极拳得其神髓，尤能以科学阐发拳中秘奥，学者宗之。

第九节　许禹生之太极拳

许靇厚，字禹生，河北宛平人。原籍鲁省，系出世家。祖笏臣公，清进士，同治间宦山东，历官至布政使。值捻匪猖獗，东抚丁某，嘱办军务，肃清境内匪人。乃召集燕赵健儿，编练成军，依次平定。其部下多系各省技击名家，若沧州刘德宽等皆当时著称者，禹生先生幼年于读书之暇，每从之研究武技。甲午之役，父仕北京，闻和议成，忧愤而卒。先生年已弱冠，见国体日衰，益励志习武。广访各派名师益友，发愤钻研，涉历内外各家，若少林、若六合、若岳氏、若八卦、若通臂，而专攻于太极拳，盖于是时已植其基。以杨氏班侯、健侯，刘氏德宽，宋氏书铭为之师。以纪氏子修，吴氏鉴泉，杨氏少侯、澄甫，刘氏凤春，李氏存义，张氏玉莲诸人为之友。复究心陈沟各项拳法，旁及器械。集各派之精华，卓然有所树立，至于今四十年而不懈。于太极拳擅独得之秘。太极幼从健侯受之，其进功程序则先姿势，次应用，次散手，次懂劲。更旁采各派之所长，尤注重实际应用。当时日与切磋琢磨而作实验之相手者，则有纪子修、吴鉴泉、刘恩绶、刘彩臣、恒寿山、佟连吉、王有林诸人，皆当代名武师也。先生承杨氏衣钵，以科学证其迹象，以哲学衍其精微，而归根于实验，一扫神秘之习，为国术界辟一新途径。自清季迄今四十年，其功为不少矣。先生所精，于太极拳中，别有散手。盖杨氏之散手，犹陈氏之二趟架子。

杨氏以姿势立功，以散手致用，犹陈氏以一趟运劲，以二趟发劲。虽一断一连，其源则无二致也，近人习杨氏太极拳，仅于姿势外更习推手，不究单式之功，于散手应用多不涉历，失之偏柔者多。实以自昔习者，多文弱之士及王公贵胄，不觉其日变于柔矣。陈氏之传于今则似多刚硬，骤视之，截然为两种拳法，而疑其非出一源也。究之太极拳之上乘，刚柔相济，缓急从人。读古人所著拳经，可知其真意，无待旁求。乃有以太极拳为柔拳，而借助他种刚捷之术以济用者，则诚昧于原理，浅尝败道者矣。禹生先生于太极拳法，亲入杨、宋、陈诸家之室而探撷其精奥；更集内外功数十百家之神髓，以相印证，启迪后来。吾见肆力于国术，功行精挚之名贤伙矣，而如是者，则甚少见也。吾从先生游甚久，自愧无所得，惟以耳濡目染之迹，记其源流如此。

第十节　宋书铭之太极拳

清祖始屋，项城袁氏秉政。时有遗老宋氏书铭参其幕，精研易理，善太极拳。时年已七十矣。自言为宋远桥十七世孙。其拳式名"三世七"，以共三十七式而得名，又名"长拳"。与太极十三式拳势名目大同小异，然趋重单式练习，惟推手法则相同。其时纪子修先师及吴鉴泉、许禹生、刘恩绶、刘彩臣、姜殿臣诸师正倡导太极拳于京师，功行皆冠于时，闻宋氏名，相与访谒。与宋推手，皆随其所指而跌，奔腾其腕下，莫能自持。其最妙者，宋氏一举手，辄顺其腕与肩掷至后方寻丈以外。于是纪、吴、许、刘诸师皆叩首称弟子，从学于宋。时纪师年逾古稀，寿与宋相若，而愿为宋弟子。宋与师约秘不传人。师曰："予习技即以传人，若秘之，宁勿学耳。"于以见宋技之精与纪师之耄而好学与坦率也。宋所传拳谱，名《宋氏家传太极功源流及支派考》，为宋远桥所手记者。其论太极拳种类原理，备极精详，并可信证太极十三式确为张三丰所传，为太极拳之一种。宋氏家传本于民国初年宣露于世，前辈多抄存者。予于民国七年始得之。今之学者，守一师之说诩诩自得，乃不知有宋氏，辄以考据自标，执笔学为如此之文，亦陋矣。宋氏在清季为词林巨子，所著内功原道明理诸篇已播于世，允为杰作。惜其晚年困瘁家居，抱道自娱，积稿盈屋。许公禹生数敦其出，皆不起。继以重金求其稿，亦不许，仅承其口传心授一鳞半爪耳。旋居保定作古。其遗著不知流落何所，徒令人向往而已。

第二章 太极拳之意义

第一节 太极拳效能

太极拳之效能，足以使吾人之身体日趋于野蛮，精神日进于文明，斯亦近代新体育之标的也。且可获得技击上胜利之左券，是以识者以之为健身强种安内攘外之绝技，真实不虚。其内容分健身、应用、修养三者。健身为志，厥功最下。修养以至于道，其旨至高。惟应用为中，既健身，而由是至于修养以进于道者也。

健身。为求身体发育而练太极拳者，健身是也。然其法亦异于普通体操与各项西洋运动及他种国术。盖体操等多为局部运动，运动何部则何部发达，不含他种之意味，故兴味寡而获益鲜。田径赛球类之运动，以胜负奖品引人兴趣，然过于激烈，则足以戕贼健康。至各种国术，派别既伙，未可执一而论，但其中有刚多柔少及不合生理与体育原理者。于以来新体育界之讥评。而习见之诸种运动，每多各执一偏。惟太极拳反是，其运动部分，固亦各式各有所主，然多属调和运动，不偏重任何部分。肉体与精神二者，内外兼修，平均发育，深合于身心合一之新体育原则。初习姿势，以虚柔开展，舒其筋骨，进而紧凑用劲，渐臻刚硬。终则熟着懂劲，刚柔相济，感觉灵敏，缓急如意，身心合一。增智慧，坚意志，远非专从事于筋肉锻炼之运动法可比。良以求体魄之健康，贵于适宜之运动。偏于柔缓，则不足以达运动之目的。趋于刚疾，则生激烈之弊，反害身体。壮者如斯，弱者更不敢尝试。尤在同时锻炼精神感觉，身心合一，则智德可用，否则恐流为暴戾蛮横，有害性情。是故最适宜之新体育，首推太极拳。宜老、宜幼、宜男、宜女、宜个人、宜团体。至其所含对敌致胜之最高技击法，尤足动人勤于习练之兴趣，不至生久而厌倦之心理。昔者太极拳宗师许禹生先生谓太极拳之运动无不合于生理学，用力用劲无不合于力学，用意无不合于心理学。以四十载寝馈于斯之功行学术，为后进说法，固非漫然为太极拳张目也。

应用。为保卫自己，攻击敌人，而极端发挥太极拳着劲之殊效者，应用是也。即如何攻击敌人，如何防御敌人，处处含有技击性质。然运动若不合于生理学，用力不合于力学，用心不合于心理学，决不能胜敌而愉快。故研究太极拳应用之方法，必须先研究体育之原理，计算筋肉之发达，并注意精神感觉之作用及智德之修养而后可。决非日孜孜于不甚澈底之姿势，更致力于尚无意识之推手，欲冀其成功，难之又难也。其他各种国术之应用，因种类派别之不同，其应用方法亦异。在表面观之，与太极拳殊途，然亦可取以借鉴。如北方之岳氏散手拳、岳氏八翻手等，以专击敌人之要害、毁伤敌人之四肢为主。恃掌致胜者，有通臂掌等。恃步迫敌者，有八卦掌等。其余如形意拳之勇速、长拳之敏捷、少林之短险及其他腿门之专恃用腿不重手法者，率皆利用其独到之长。惟太极拳则专主以柔克刚、以静制动、以简御繁、以逸待劳、以小敌大、以防人为主而制敌之长。制敌之长不为敌用，我复得融会各家之长而为我用，则太极拳应用之能事毕矣。习太极拳应用法者，应先识别途径之正否、传法之真伪。得其真者，非但功行学识异于常人，其行为道德亦随之增益而孟晋。是古人所谓最上乘功也。故研求应用，首贵以理贯之，如前所谓合于生理、心理、力学等是也。以此相衡，则成功者多而不成功者少矣。

修养。由健身而至应用及深苦之练习，而修得高尚之道德者，谓之修养。盖天下万事，无不有胜负之范围。设以太极拳胜负之理论运用于人事，可得处世有用之智识，终可达安身立命之域。凡事皆能默会胜负之理论而趋重于高超达观及伟大人格事业，即此所以锻炼精神也。故健身应用之目终可至于修养，以成无上之高尚道德与人格，是为习太极拳最终之结果。换言之，即庄子所谓技而近于道者也。在太极拳本身，即具有若此之大权能，况复更加以武德之训练、智仁勇侠之养成乎。故习太极拳之顺序，即先依姿势锻炼以健其体魄，次依技击方法而磨炼其应用，进而修养其不拔之精神，坚固其高尚道德之思想而运用于伟大人格与事业。然则习太极拳者，其行为道德方面有缺，则虽身体若何健全、应用方法若何灵妙，亦不足称为完全达到成功之士。学者不可不审也。

综上述健身、应用、修养三者，今人多偏重健身与应用，已失古人最高原则。就健身言，不论何种拳法及运动法习之皆有效，而入歧途者亦足致病。求应用者，设所习谬误，非但虚度光阴，自觉无趣，若施之于用，甚至有伤身之祸。尝见许禹生、纪子修、吴鉴泉诸先生之练习应用太极拳矣，而未能以言语文字形容也。之数先生者皆承杨氏嫡传，而加以毕生精力之研究者，当代罕其匹也。杨氏自露蝉先师从陈沟习技，以太极拳名于世，号称无敌，为举世所公认。再传三传，源远而流益分。惟许、纪、吴诸先生者，皆不失为继承之士，亦诚不负内家太极拳之美名。其外薪传者，或不在少。至或偏于刚，或偏于柔，胥以重视锻炼，不究原理，以至于偏。其刚柔相济，足绍正宗之传者，海内咸推许氏焉。吾人习太极拳法，首应平心静气，破除成见，由规矩以求理论，由理论而定是非。以古人所遗之著述原理详加体会，遵道而行，再本真传，实际切磋，则其成就之功虽不中不远矣。余虽不敏，窃有志于斯。

第二节　太极拳与易象

　　许禹生先生之释太极拳曰：夫太极拳者，形而上之学也。法易中阴阳动静之理，而运劲作势纯任自然，无中生有，所谓无极而太极也。至其运用圆活，如环无端，莫知所止，则又所谓太极本无极也。势势之中，着着之内，均含一圜形。故假借太极之理以说明之，而以阴阳动静刚柔进退等喻其作用焉。于此可证知，太极拳决非含有迷信之意义，而与河图、洛书、周易、卦象生克消长之机合其至理。以科学之方法整理之，可得其迹象。以哲学之原理推衍之，可见其精微。故高明上智者，视此拳法为良好伴侣，岂标榜门派坐井观天者所可比哉。兹就拳法之体用，索其合于河洛易象之点，摭拾师友所恒言，堪为拳法发其蕴秘者，参其蠡见，申论于次。

　　孔安国曰：河图者，伏羲氏王天下，龙马出河，遂则其文以画八卦。洛书者，禹治水时，神龟负文而列于背，有数至九，禹遂因而第之以成九类。刘歆曰：伏羲氏继天而王，受河图而画之，八卦是也。禹治洪水，锡洛书，法而陈之，九畴是也。八卦在太极拳法，以象掤、捋、挤、按、採、挒、肘、靠八劲。九畴者，即戴九、履一、左三、右七、二四为肩、六八为足。即九掤、一捋、三挤、七按，为四正。二四为肩、六八为足，为四隅，以辅四正之不足也。周易源于河洛，而太极一图。自汉以来，诸儒言易，莫有及者。惟道家有太极三五之说，又有无极太极诸图。陈希夷居华山，曾以无极图刊诸石，元公取而转易之，更名太极图，仍不没无极之旨。由是诸儒推演其说，南轩谓元公自得之妙，盖以手授二程先生者，自孟氏以来，未之有也。朱子发述易源流云：陈抟以先天图传种放，放传穆修，修传李之才，之才传邵雍。修又以太极图传周敦颐，敦颐传程颢。据此可知，太极图与先天图同时而出，皆源于易。朱子启蒙云：太极者，象数未形，而其理已具之称。形器已具，而其理无朕之意。在河图洛书，皆虚中之象。周子曰：无极而太极。邵子曰：道为太极，心为太极，是也。太极判为两仪，其数则阳一而阴二。在河图洛书，则为奇耦之象。周子所谓太极动而生阳，动极而静，静而生阴，静极复动。一动一静，互为其根，分阴分阳，两仪立焉。邵子所谓一分为二者是也。太极拳法，在未练之先，毫无朕兆，是谓无极。至拳式开始之时，象未形而理已具，意已动，如果仁之将萌芽也。是谓太极。并可知太极拳之动静阴阳刚柔进退皆具备，而不形于外，未可以迹象求，未可以常理测也。拳式既开始，则阴阳始判，刚柔始分。于是出手为阳，收手为阴。开手为阳，合手为阴。进为阳，退为阴。仰为阳，俯为阴。动者为阳，静者为阴。化为柔，制为刚。走为柔，粘为刚。守为柔，攻为刚。是谓两仪。阴属柔属虚，阳属刚属实。其符号为"– –""—"，即一阴一阳之谓道也。易卦之变化无穷，拳法之演进益妙。虽终身寝馈其中，有不能穷其境者。各卦三画级中，有连有断。而凡三画以象一卦，即为三才。系辞云：六爻之动，三极之道也。又兼三才而两之故六。六者非他也，三才之道也。三画已具，三才重之，故六。而以上二爻为天，中二爻为人，下二爻为地。三极，谓天地人之至理。三才各一太极也。易经说文有曰："夫极者栋也。"栋者，如屋之中梁，犹人体之脊柱也。三才在太极拳中是曰三盘，上盘、中盘、下盘是也。上盘者何？肩以上头部是也，取象乎天。中盘者何？肩以下胯以上胸腹各部是也，取象乎人。下盘者何？胯以下至足跟之部分是也，取象乎地。三盘象三才，其刚柔无定所，惟按卦象所配之字，以定部位之刚柔。不仅全体可分三节，即人体各部无不以三节连贯而成。如臂之自肩，而肘，而腕。腿之自胯，而膝，而踝。手足及指，皆有三节（大指二节）。是以人身全体论，以各部论，皆有三才之象也。在太极拳穴法有三绝：即眉间、中腕、气海是也，世称死穴，击重则死。太极拳琵琶式，即所以护三绝，故为太极拳之桩步。基础悉在于是，变化尽在于是，所谓道生一、一生二、二生三、兼三才仍归入于道也。两仪之上，各生一奇一耦，而为二画者四，是为四象。"⚏""⚎""⚍""⚌"在人身为四肢，如屋之有四柱。在拳法，即实虚，实中有虚，虚中有实。以之分别劲功，斯之谓体。周子所谓水、火、木、金，邵子所谓二分为四者是也。五行者，在拳法为前进、后退、左顾、右盼、中定五者。盖所谓五行变于足，八卦运乎手。上方下圆，随圆就方，上下相随，变化不已，即易理生生不息之意。河图之一六为水，二七为火，三八为木，四九为金，五十为土，则固洪范之五行也。汉志言天以一生水，地以二生火，天以三生木，地以四生金，天以五生土，此为五行之说之始。而易之为书，不言五行，故五行之说出于历数之学，非易之道。然而太极拳步法，采五行以象之。实足以发其变化之妙，是以论阴阳五行之变，愈衍而愈精。在昔杨露蝉先师太极拳，以八种练法传世，其中不出刚柔虚实高下疾徐之范围。平时用功，采用先天八卦符号，乾坤相对。乾掤坤按，乾属纯刚，故掤而向上。坤属纯柔，故按而向下。是又天地之道也。掤劲刚而上承，按劲柔而下顺，在拳法尤切实际。故在功深者，每以掤劲出手接敌，再施其他变化，犹如藏甲兵于城中，先以城垣拒敌，然后以兵戎出击之也。惟在平素养成纯刚纯柔之体，方尽第一步功夫。故在太极拳每式每着，皆有掤劲，即命名为掤拳，为义亦当。至对敌变化，不过刚柔配备不同耳。如坎离相对，坎挤离捋，坎象中满，故挤以出之。离象中虚，故捋以合之。即就掤、捋、挤、按四正之劲，其刚柔相济为用，配备已神，加以四隅（採、挒、肘、靠为四隅），乃成八卦。由八卦以成六十四卦，亦无非刚柔两种原动力配合而成，相助相济，以成其用。总不出一阴一阳之谓道之义也。

　　凡天下万事万物，皆不出太极之范围。至太极拳法，则全本易理，非但皮肤拟合也。如"阖户谓之坤，辟户谓之乾，一阖一辟谓之变，往来不穷谓之通。"太极拳法，处处不离开合，辟阖即开合也。辟户为乾，是为阳变。阖户为坤，是为阴合。在拳法，阳变以制人，阴合以化人。一制一化，一粘一走，所谓一开一合也。势势之中，着着之内，一开一合，毫不紊乱。然开而合，合而开，似有轨道之可循，谓为有形于外之变。其由开而合，由合而开之时际，为开合之发动点，即所谓阴阳刚柔动静虚实之间者。拳经有云："动静之机，阴阳之母也。动之则分，静之则合。"苟明其机，固无往而不利焉。就其应开应合，而能适当以顺自然。则谓之知机，其精奥全在于是。又所谓"开合鼓荡主宰定"也。变化往来，而演成四正四隅之劲。粘连黏随，无往不利，则诚往来不穷而术通矣。是必先就有形之着势，而求得开合之劲与用，然后"由着熟而渐悟懂劲，由懂劲而阶及神明"也。

　　太极拳法，于今有新旧两式之分，文武两派之别，大小两架之异。旧式者，即一般所称老架子者也。老架子各式，皆取象于道。盖拳既以太极为名，虽一动一静，莫不有所依据。非但以阴阳刚柔之常理喻之，即四正四隅八劲，以象八卦，可谓体象皆合，不可移易。而太极起式之取意，尤奥奇无两。如"揽雀尾式"开势第一动之形式，与现时"手挥琵琶式""抱手"相同，惟两臂系用"合劲"，其意为合制对方来手，左手在前含"切劲"，右手在后含"拦劲"。变式向右，则右手在前含"切劲"，左手在后含"拦劲"，与现时所练"上提手式"相同（提手式有上提下提之分）。此两动作之形象相合，即为双鱼形两仪之象，所含拦、切二劲者。"揽雀"式，一名"拦切"式也，亦有名"懒扎衣"者。由上式接作"单鞭"式，左转身还原开式时方向，两手横分，左手立掌，右手垂腕（不撮钩），作地盆步桩。脊直，胸稍含，气沉丹田，腹内意取"甘"字。此倒丹之点，即指丹田。两手路线与形式，即可代表两鱼之接合中线。两式合成一太极图形。有练作弓箭步桩，继变地盆式者，称之曰"丹变"。此"单鞭式"，在昔全拳内为数有九，寓九转还丹之意。揽雀尾与单鞭接练，合称曰太极式。学者不究，似觉简单，而用意则颇深也。新式之名，何所自来？以旧式意专主于修养，偏于一隅，遂进而兼採应用之效，归纳各种练法，镕冶而成。较旧式繁而便应用，健身、致用、修养三者，并重而不背，可称动静平衡之功。其与旧式不同之点，即如太极开式揽雀尾。旧式仅拦切二动作，新式则四正四隅皆备。单鞭为隅手。单鞭之步，亦不仅乘骑，而有弓箭、丁虚、丁八等数种，其体用可谓大备矣。

张三丰授宋远桥之言曰："予知三教归一之理，皆性命学也，均以心为一身之主宰也。保全心身，即永有精气神也。有精气神，才能文思安安，武备动动，安安动动，乃文乃武。大而化之者，圣神也。先觉者，得其寰中，超乎象外矣。后学者效先觉之所知能，其知能虽为人固有之知能，然非效之不可得也。夫人之知能，天然文武。目视、耳听、天然文也。手舞、足蹈、天然武。孰非固有也明矣。前辈大成，文武圣神，授人以运动修身进之，不以武事修身传之，予及此传于武事，然不可以末技视。依然强身之学，修养之道，性命之功，圣神之境也。夫如是，予授之尔，终身用之不能尽矣。至予得武继武，必当以武事修身传之也。修身入首，无论文武，成功一也。三教三乘之源，不出一太极。愿后学以易理格致于身中，留于后世也可。"按三丰先生此项遗文，论各教统一修练之法，悉用体育修身之道。而太极拳之真义，则以武事修身，以易理为原则，而极端发挥天然文武之良知良能。大而治平，小而修齐，为人之道，胥在于此。

依前所载，太极拳向无文武之分，自专讲修养与专讲应用殊途后，始创文武两派之称。谓专讲修养者为文派，专讲应用者为武派，相互攻讦，各走极端，方且自是其是，而不知皆有所偏也。失太极拳法之真义矣。至于大小架子之称，本属一途，强分为两。按拳经云："先求开展，后求紧凑。"开展之意，谓舒畅筋骨，流通血脉。练时放大姿势，先由健康之途着手，以期渐近自然，即所称大架子也。姿势舒展通畅，身体自健，然后就原式缩收紧凑，渐至绵密。研磨应用方法，加入内劲，先求着熟，后求懂劲。姿势虽渐缩小，用意则渐渐增多，此为次第进功之步骤与方法。而妄分大小，截成两派，是真戕贼太极拳术。任意断鹤续凫，徒事无识之纷争，为私人标榜之借口，甚为识者所窃笑。按之太极拳，原本易理脱胎而成，包罗万有，极宇宙事物之变，而不能逾其范围，岂复能以文武大小自限。适彰其偏陋，而昧于本源，深可慨惜。然则习太极拳者，岂可不于河洛易象推衍其原理，舍本逐末，差之日远，其谬讵可以道里计哉。

第三节　太极拳与体育

体育之发达与否，影响民族之强弱，其重要尽人而知。然能实行讲求者，甚属寥寥。故在今日，欲强我中华民族，则尽力提倡体育，实为我国民人人应尽之责任。提倡太极拳术，固不足以包括体育之全部。然太极拳在体育上，实占有其他体育方法所不及之重要性，尤适应于今日中国之现实情状。惟言太极拳与体育之详切关系，应先明悉体育之真意，然后不烦解而自知也。

体育二字，包含运动、卫生、及其他能使身体强健之一切事项，此广义言之也。若狭义言，则指所有之运动而已。体育意义，非但健康身体即为达到其目的，更须有心的培养，渐次养成完全之人格，即吾于太极拳效能节中所谓之修养，亦即身心合一之运动也。而在今时之体育项目中，舍太极拳而外，而能达到身心合一之运动者，殊不多见。故倡运动者，多不能达到体育二字之真义，盖偏于身体的运动也。身体与精神，须平时作有关切之运动，自然可养成完全之人格，非一蹴可及。故体育之根本，身体精神，不能分途修练，其最高之标的，为身心合一。身体与精神，有相互之影响。如吾人精神爽快，则体力增加，作事勤奋。精神不快，则筋力减少，遇事退缩。精神兴奋，则趾高气扬。精神萎靡，则垂头丧气。他如闻鸡起舞，见猎心喜，此精神之影响于身体者也。至若手足有疾，则精神颓唐，昂首张胸，则思想积极，此身体之影响于精神者也。委以心志之发达活动，常为身体状态所支配。而身体不强，又足以使精神思想日趋萎化，直接影响个人，间接影响民族也。心之作用，悉表现于精神之状态，不出智、德二育之范围。智之修养，大别之为记忆、思考、判断、想象等，德之修养，则沉着、果敢、信义、仁爱、有勇、知耻等胥属之。故体育运动之目的，常伴智、德二育以共进焉。

太极拳法，当然为体育项目之一种。而其效能，则不仅运动身体，且极端达身心合一之体育真义。在运动身体方面，亦如他项体育之成效。分述于次。

太极拳各式，皆为开合动作，一往一复，一上一下，有左即有右，有前即有后。而内部用劲，亦皆相对，关于全身筋肉，能起相当之收缩作用。而为平均且有秩序之发育，臻于坚实充满，非但徒增脂肪也。

太极拳运动骨骼，以臻于灵软活泼为主，故全属柔缓动作。拳经云："形如搏兔之鹘。"极言其轻灵迅速也。而动作之能轻灵迅速，全资于骨骼之柔软，富有弹性，而不硬化，故蓄劲发劲，有开弓放箭之称。依式运动，能使全身骨骼联绵贯串而不滞，乃可上下相随，曲伸开合，施之于应用，而得机得势也。若衡以生理之说，成年人骨骼中成分，石灰质日渐增多，哈倍司管渐塞，胶质日渐减少，故骨骼坚硬，难以弯曲，动作迟笨，与童年大异。是以欲成就至高之武技，而骨骼必先求柔软灵活，恢复童年时之活泼自由，不以坚硬为贵。其惟太极拳之柔缓运动，为至高无上之方法乎。

太极拳对于筋肉骨骼运动所得之成效，既如上述。而在吾人身体之组成，筋肉之外，则为皮肤。一般运动，类能使皮肤强健，颜色红润而光泽，日趋美观，且可调和体温，防止风寒暑湿之浸袭。而太极拳之运动，于是而外，则能特殊发达触觉，臻于异常灵敏之境，有不可思议之妙运。盖以感觉机关，为吸收智识之门户，非但五官之视听已也。其利用触觉者尤多，触觉之能力，有不待脑海之命令，而能自动察觉、判断、处置，非耳目口鼻之能所可及。在技击术之应用，人第知赖于耳目观察以攻以守也。而不知急遽之际，快似流星，疾如迅雷，岂可专恃耳闻目见以辨攻守之机。所赖者，触觉之灵敏与否耳。以触觉决定胜负，盖什之七八。感而遂通，捷如影响，是故太极拳姿势及推手，即所以磨练触觉，使日趋灵敏，而利用之以察敌力之大小方向而应付之也。故含有体育的、技术的两种运动之意义焉。

人体内部之循环、神经、排泄、呼吸诸系，皆可因适宜之运动而日趋健康。练太极拳，亦具有同臻于强健之效力，更无可赘。简言之，运动可使血液之循环作用增加，而底于清洁。然过剧之运动，则足以致病。神经系主持全体之感觉及运动，神经之过迟、过敏皆为病，故须以适宜运动调和之。常见习某种运动数十载者，其动作迟笨，感觉呆滞，反失其天赋适当之机能，不能谓非运动不适宜之过也。排泄各器，因运动而各司其职，得适宜的新陈代谢，则不生病患。至呼吸之重要，今之体育家及卫生家均主之。吾国古来相传之吐纳导引诸术，皆呼吸运动也。太极拳全为正呼吸法，亦名深呼吸。动作与呼吸始终一致而不乱，为最高之原则，此则非他种运动方法所同具。即前述人体各系与运动之关系，每见有失之过，有失之不及，求其确合于适宜之分量而不偏者，亦惟太极拳矣。

以适宜于各级年龄、适应于中国环境著称之太极拳，而有前述运动以强健体魄之能力固矣。更含有技击上获得胜和之绝技，为其他体育方法所不具，亦无待申论。惟对于心的修养，智德之增进，尤为独具之特长。未可以狭小之技术观念视之也。但其理论，既繁且夥，撷其要目。对人之德，为崇信义，守礼让，轻死生，重廉耻，扶倾济弱，除暴安良。关于修身者，勤锻炼以耐劳苦，习柔缓以去暴戾，慎举动以和性情，务镇静以富思考，重实用以增勇气，熟机变以应非常。至于技术臻精妙娴熟，对敌获必胜经验，意志能坚固不挠。凡足以增智慧、蓄道德，而完成伟大人格事业，无不由太极拳以武事修身而可获效。倡体育以恢复我民族精神者，顾可忽乎哉！

第四节　太极拳与科学

中国古来相传之事物，胥以经验事实取信于后世，故得源远流长，久而不失。若太极拳之为人所重视，特殊普及，美誉远播，即其一证也。凡称太极拳之良美者，并未必即为早有得于科学精义之士，其所称述信受之者，全资于经历其事实，亲获其效益。然其所以良美之故，固不尽仅为空谈哲学，假儒术自重，而附会穿凿，以神其说也。其姿势连用，既历久经验良好，则正所谓"天下之物，莫不有理"，非根于科学，而实自合于科学，且尝证之，无不合于科学也。第科学之类别至夥，夫岂皆与太极拳相合。惟就其所具之体用为范围而参证之，以言运动之范围。其目的在于强身，而凡关于运动生理、运动卫生、生理解剖诸学，尽应取而则之，方可获美满之效果。苟有不合，则不但难达所求之目的，必且戕贼生弊，有碍健康，亦何贵有此运动哉。太极拳之运动主于柔缓，继则按功行浅深，次第加入各劲，纯采自然，循序渐进而毫无勉强难为之弊。不论男女老幼，及年龄大小、身体强弱，习之无不相宜。在西洋之体育方法，每按人体分部运动，似易考察效果。然偏于手足之动作者多，于内部脏腑神经不甚讲求焉。即使身体得特殊粗壮，筋肉得特殊发达，于智、德二育，反显见退化，或竟成为完全粗野无识之士，舍能跑跳外，别无一长。且有因过激运动而丧失生命者，如远足竞走获选冠军之孙澈，旋罹肺疾而殒命，不能不令人惊惧也。然则所谓运动何部，则何部发育者决不能不牵动于其他各部。如太极拳各式运动之效果，固皆各有所主，而各部动作配备停匀，且多调和运动，能收全体平均发育之功，而无倚重倚轻之弊。尤其动作与呼吸合拍，由呼吸而鼓荡内脏。内脏之运动，亦不减于手足形迹也。是故以运动生理学而统计核算，其效果真有出乎意料之外者。例如搂膝拗步式与倒撵猴式，在拳式中，其练习次数，则甚相当也。前后左右之动作则甚平均也。其要旨，则为手臂之伸缩，腿足之收放，腰胯之转动，脊柱之屈伸也。其应用，则习步法之进退灵敏，手之连环搂打推按带引指点掌印也。而所得之效能，不但手臂与腿足腰胯发达而灵敏，及对敌应用臻于精妙而娴熟，乃足以使神经锐敏活泼，增进智慧，且复能愈腰痛及肾衰诸疾患。其他各式之功效，类如此也。

夫运动固为求强身，而由方法不善，及居处饮食与运动前后之不加调摄，多生病患。非运动之过，因忽于运动卫生学之条件，而不加考究之故也。太极拳之运动，向者师友递传，有至严格之宜忌。诚习是术者之金科玉律，直称之为太极拳运动卫生学，亦无不可，并可适用于他项运动也。习太极拳卫生条件，以时间、地点、空气三者为主要。最适宜之时间，为清晨卯刻前后，及晚时酉戌之间。惟晨时宜专心练习，晚时宜兼及研究，视为故常，不得作辍。而练习需时之长短，在初学连续运动半小时，久之增至一小时，长此为限。且须运动之后，有适当之散步与休息，则不生形弊神竭之害。又运动时间，须远离饮食之前后半小时或一小时，且注意先净二便，则无害于胃肠。而食多、饮多、睡多，皆所忌也。地点之选择，宜于坦平洁净常受日光之所在，不必定择高山旷野茂林海滨之地，惟重要在于清静而无杂扰，即花园寺观偏僻之处皆所宜。以清静则心志专一，精神内敛，进功迅速也。苟得清静，虽庭堂书室，皆为良好之运动场所，又何必龈龈于择地哉。空气须新鲜清洁，不但运动时所须要，平时亦然，惟运动时呼吸加紧。在太极拳且为深呼吸，若尘土飞扬，气味恶浊，其受患更逾于平时。昔人每有采日月精华之说，盖皆取空气新鲜也。练习之场所，须积极避免风雾烟尘，能常清洁，并洒以净水则当矣。此外随时注意摄生项目，言之甚夥，皆所以求得运动之益，防止运动不善所生之害。

太极拳之功行，系以手足运动内脏，而注重气与劲之能力，故称之曰内功。然其入手之方，必彻底明了人身各部之组织与功用，顺其自然而获效殊速，则生理解剖学，不可不讲也。按人体神经受刺激而生之运动，为反应动作，若遇压力，则自起抵抗，若睡梦中被蚊咬，则自动扑击，皆非受意识支配而后动作。如有意之动作，积久而成习惯，亦可成为自动。太极拳即利用此固有良能，而发挥之也。故其最高之目标曰懂劲，而发生滋长此劲之源，则在乎气，是必于脏腑运动，而坚固生命根源，乃能成功。惟心脏、肝、肺、肠、胃等，属自动的，为不随意筋，不能受神经之支配而如意动作，悉赖肺部呼吸鼓荡之力使之动，故气为成功之根基。内部各脏，既各有其功用。外部筋肉皮骨，分之则各成其能，合之则联贯致用。须先明一部分之结构，在生理上之作用，然后自得其内外全体大用也。太极拳之练习，非但联贯及单式，最初即须于身体各部逐件考察单练。如指应如何，掌应如何，肘与肩应如何，胯与膝应如何，有无不合于生理，是否有显著效益，是必平素练此一肘一指之功，于应敌畴乃能致用。岂第练成套姿势为能事乎？神经筋肉等，经日久之实习，渐次随意变化，而至于得心应手，不假意识，而成适当之自动，孰非据生理解剖学而分节发展其效能有以成功哉。

太极拳非但以运动而健康其体魄精神，其立意重在技击。夫以赤手空拳，而欲胜敌愉快，一般以力之大小，与体魄之强弱为评断。太极拳则不然，其原则纯取以柔克刚，以小敌大，以静制动，以逸待劳诸理论而成立。突破"有力打无力、手慢让手快"之定理，而至于"四两拨千斤"之妙运，是则体力之大小强弱，与太极拳无若何重要关系。惟在能运用适当，恰乎可制人而不制于人，在拳法称之曰"懂劲"。至如何能以懂劲，则应经过"熟着"之路途。"熟着"云者，即练习实验对敌有效之方法，发无不中，完成技击胜利之意义也。着法所含，千变万化，而劲之运用，尤神妙难测。习之既非率易之事。若细求之，则全根于物理学、力学、几何学、心理学汇集而成。但寝馈于中者，不自觉耳，是亦科学之技击法也。兹就太极拳各式各着各劲，以各种科学分析印证之。如海底针式、单鞭下式、扇通背式、别身捶式等，与滑车之力相合。野马分鬃式、进步搬拦捶式等，与尖劈之力相合。手挥琵琶等式及捌劲，与杠杆之力相合。至轮轴、螺旋等力之原理，则太极拳各式各着各劲几完全利用之。又如遇敌时，攻防进退之速度，必与敌之速度相合，即"动急急应，动缓缓随"之意。并如何应敌，仓促不失其机，则均合于动力学也。其如运行有路线，发劲有定点，运动注意重点，受力力避平面，搭手如球面切线，掷人用垂直或准割线。步法用半圆、正圆、三角等。乃至于抛物、椭圆、弧形、平行、半径、对角、垂直中分各线，其应用之处，不可胜数，是又悉合于几何学也。在对敌之范围，则心理学尚矣。昔人所谓上惊下取，指南打北，拳打肩歪，脚踢膊斜者，皆此谓也。然此就对敌而言，若夫运动精神，必留意于知、情、意三者，则不至鲁莽从事，有害性情。太极拳之以柔为主，驰骋天下之至坚，尤足以平和心气，镇静性情，更无不合于教育的心理学也。于此而外，若专以各种科学比而论之，其理至繁，其义亦夥矣。吾人究于是术者，举其一而反之，又何待缕缕也。

第三章　太极拳文献

第一节　张三丰传

《明史·方伎传》记张三丰事迹云：张三丰，辽东懿州人。名全一，一名君实，三丰其号也，以其不修边幅，又号张邋遢。体硕而伟，龟形鹤骨，大耳圆目，须髯如戟。寒暑惟一衲一蓑，所啖升斗辄尽，或数日一食，或数月不食。书经目不忘，游处无恒，或云一日千里。善嬉谐，旁若无人。尝游武当诸岩壑，语人曰：此山异日必大兴。时五龙、南岩、紫霄，俱毁于兵。三丰与其徒去荆榛，辟瓦砾，创草庐居之。已而舍去。太祖故闻其名，洪武二十四年，遣使觅之不得。后居宝鸡山之金台观。一日自言当死，留颂而逝。县人共棺殓之。及葬，闻棺内有声，启视则复活。乃游四川，见蜀献王。复入武当，历襄汉，踪迹益奇幻，永乐中，成祖遣给事中胡濙，偕内侍朱祥，赍玺书香币往访。遍历荒徼，积年不遇。乃命工部侍郎郔隆平侯张信等，督丁夫三十余万人，大营武当宫观，费以百万计。既成，赐名太和太岳山，设官铸印以守，竟符三丰言。或言三丰，金时人。元初与刘秉忠同师，后学道于鹿邑之太清宫，然皆不可考，天顺三年，英宗赐诰赠为通微显化真人，终莫测其存亡也。

谨按裨官野史，所记张三丰别传甚多，事迹亦各不同，当以明史所记为可征信。惟三丰之存亡，迄无信实之考据。有谓至清之中叶尚在人间者，此道流之传述，虽见诸记载，然未可据为信史。余于民国二十二年夏，游太原府属（现属阳曲县）之崛围山。汽车仅抵兰村，距山尚远。汾水间之，且须觅渡。土人言村西北有山，深可十余里。山巅有悬崖洞，高数千尺，傅青主先生曾读书于此，只通鸟道，绝难攀登，虎豹之属，常出没焉。余与张陶然女士欣然往，攀藤斩葛，备历艰险。抵洞后，下视汾河如练，村落环拱，慨然有出尘之想。此行最可喜者，洞内有明崇祯时碑碣，拂拭可辨，上载"嘉靖中张三丰真人曾修道于此"，至足珍也。

太原县属之南峪村，有山高数十仞，名苇谷山，山巅有兰若，相传为张三丰修养之所。考《太原县志·人物》类载："张真人，名君实，号三丰，辽东义州人。状貌魁伟，行步如飞。太祖及成祖求之皆不得。后游太原之南峪山，尝绝烟火，累月不爨（cuàn）。或分身助人力作，数著灵异。忽为病丐状，来乞村民施缸，云死即瘗南峪山上。寻果死，如言瘗之。后村人又遇于西安诸处。"太原县之名胜，为晋祠镇，唐公李渊发祥之地。原为桐叶封弟之所，汾晋两水环之，中外人士，多游于此。西十余里为天龙山、苇谷山。天龙险峻幽深，有齐高欢避暑宫，及盗跖旗石诸古迹。苇谷山麓有村名南峪，故苇谷山亦称南峪山。言名胜者，知晋祠天龙，而不知有苇谷。盖山幽径僻，艰险难登，三丰于是乎不居晋祠天龙，而隐苇谷耶。数百年来，游人绝迹，且渐忘之矣。余闻土人言，三丰遗蜕贮瓷缸中，瘗苇谷山下，符县志所言。屡拟考其究竟，久之不果。曾弟子聂君立轩自晋祠来，以相与探访为言，因欣然往游。聂君为新教育家，专致力农村事业，性喜考古，于太极拳造诣甚深，素为晋祠天龙一带之武士文人所崇拜，因得乡导而抵南峪。初至村立小学，教席崔愚若，对此毫无所知。村民百余户，自清代迄今，二百年来无读书者。余等怅然若失，幸村中有李老，年七十余，须发皤然。多识掌故，谓："昔有邋遢师傅，自远方来，遍游各山岳，后止于此山之石洞。时与村人往还，助人农作。寒暑一衣，其静坐之石床，旁置一大瓷坛，客至谈道，频以手向坛中取食，不知其何物也。相传忽去忽来，历年甚久。吾（李老自称）幼时，闻耆老言，邋遢师，张姓，明时人。来村时已数百岁，后坐化于石洞。村人之好善者，置木龛内，移山坳石室中，封其口。不知为何时事，十余年前，好事者启小孔窥之，趺坐若入定状。后有疯人启而入，持木棒击毁之。村人弓二秃，悯邋遢师遗容之毁也，遂于室内木龛前塑一泥像，至今犹在。"余等遂邀此老为导，登苇谷山。山径崎岖，仅容一人，从者呼险，莫敢返视。行约二里，抵山坳玉皇庙，庙南东数十武，地颇坦平，荒草没胫，有石室。其门南向，门为小石所砌封。上有一孔，径可数寸。因扩而充之，投身其中，光甚暗，久之始辨。室高五尺，当门有塑像一尊，作合十趺坐状。像后置一木龛，朽坏已久，木质粉化，稍触即扑扑落地。龛内有脊骨尾闾骨盘，可想见当日趺坐情形。头颅已斜倒地上，余骨乱落龛内外。原着黄色丝袍带已如灰烬。室在山坳，故甚干燥，李老言："渠五十年前来窥时，见皮肉干腊，躯体犹未坏也。"嗣出石室，复攀荆握蓁而登峰巅。置身云霄，凌空四望，汾河如带，村落如盘，更想见仙人方寸中，视尘世如儿戏也。山巅最高处，有一天然石洞，旁有石床，可容一人。李老谓即邋遢师当日修道处也。出洞后，俯视来路，嵯岈凸凹，蔓草间之，偶一失足，诚莫知其底止矣。继念修道于此之三丰真人，登临跋涉，不觉其苦，则县志所载之"行步如飞"自不虚也。下山后，谢李老而访疯人，则一三十余龄之男子，问以往事，喃喃不知作何语，踯躅笑顾而去。余按《太原县志》及悬崖洞碑碣之所载，则三丰之藏修息游于太原一带，为真实不虚。而南峪村之迹，历年甚久，亦凿然有据。县志载"瘗于山下"，则固可证其死也。村人置木龛中，事虽不符，然未闻再有其他道者修化于此，则亦可证其为三丰矣。惟南峪村人不读书，惜无碑碣及私家记载可参证，至今只知为邋遢师，而不知为张三丰。且知之者，亦惟耆老数辈耳，《明史》记三丰事云："终莫测其存亡也。"后人言三丰者，疑尚在人间。自洪武永乐求之不得，于嘉靖时尚游太原，止悬崖洞，相距数代，其年寿亦可惊矣。三丰栖苇谷山时，意者与游悬崖洞当同一时期。两山相去，不远百里，然则栖苇谷后，忽来忽去，递及坐化，当在嘉靖以后也。《太原县志》修于清道光间，三丰死于南峪，不审是否根据旧志，抑得之传闻，旧志作于何时，未及考究，若得之传闻。则非经心之记载，又无怪与村人所传及山洞之事实异也。是则往昔文人之所记，固不可尽信矣。在以三丰为真仙者，固信三丰不死，即死亦不至无声无臭如此。殊不知死之一关，为生物所同历，三丰又何可不死，死于南峪，与死于他处等耳。村人无知，见其邋遢如丐，则鄙弃之矣，乃于其死后，置之木龛，藏诸石室，即可知其素著灵异，实有异于凡丐。惜无时日可考，泛言之，当在明嘉靖后，清道光前耳，若证以木龛如灰，则历年之久也可知，恨无植物学者而证之。凡上所记，为余无意中之幸遇，而有以感夫人生之暂。虽仙人不可留，且补私家传记之阙，然亦无善太极拳之传说。盖三丰得道之士，位列仙真，太极拳法，其余技耳，故不以武显耶。

第二节 张松溪传

曹秉仁《宁波府志》，载张松溪传。其文云，松溪、鄞人。善搏，师孙十三老，其法自言起于宋之张三丰。三丰为武当丹士，徽宗召之，道梗不前。夜梦元帝授之拳法，厥明以单丁杀贼百余，遂以绝技名于世。由三丰而后，至嘉靖时，其法遂传于四明，而松溪为最著，松溪为人，恂恂如儒者，遇人恭敬。身若不胜衣，人求其术，辄逊谢避去。时少林僧以拳勇名天下。值倭乱，当事召僧击倭，有僧七十辈，闻松溪名，至鄞求见。松溪蔽匿不出，少年怂恿之，试一往。见诸僧方较技酒楼上，忽失笑，僧知其松溪也，遂求试，松溪曰："必欲试者，须召里正约，死无所问。"许之，松溪袖手坐，一僧跳跃来蹴，松溪稍侧身，举手送之，其僧如飞丸陨空，堕重楼下，几毙，众僧始骇服。尝与诸少年入城，诸少年闭之月城中，罗拜曰："今进退无所，幸一试之。"松溪不得已，乃使诸少年举圆石可数百斤者累之。谓曰："吾七十老人无所用。试供诸君一笑可乎。"举右手侧而劈之，三石皆分为两，其奇异如此。松溪之徒三四人，叶近泉为之最。得近泉之传者，为吴崐山、周云泉、单思南、陈贞石、孙继槎，皆各有授受。崐山传李天目、徐岱，天目传余波仲、陈茂宏、吴七郎。云泉传卢绍岐。贞石传夏枝溪、董扶舆。继槎传柴玄明、姚石门、僧耳、僧尾。而思南之传，则有王征南。征南、名来咸。为人尚义，行谊修谨，不以所长炫人。盖拳勇之术有二，一为外家，一为内家。外家则少林为盛，其法主于搏人。而跳踉奋跃，或失之疏，故往往得为人所乘。内家则松溪之传为正，其法主于御敌，非遇困厄则不发，发则所当必靡，无隙可乘，故内家之术为尤善。其搏人必以其穴，有晕穴、有哑穴、有死穴，相其穴而轻重击之，毫无发爽者。其尤秘者，则有敬、紧、径、劲、切五字诀，非入室弟子不以相授。盖此五字不以为用，而所以神其用，犹兵家之仁、信、智、勇、严云。

第三节　王征南墓志

有清以前，言武技者，无内外家之分。自黄黎洲先生为王征南作墓志铭，始指定少林为外家，武当为内家。黄之文云：少林以拳勇名天下，然主于搏人，人亦得而乘之。有所谓内家者，以静制动，犯者应手即仆。故别少林为外家，盖起于宋之张三丰。三丰为武当丹士，徽宗召之，道梗不得进。夜梦元帝授之拳法，厥明以单丁杀贼百余。三丰之术，百年以后流传于陕西，而王宗为最著。温州陈州同从王宗受之，以此教其乡人，由是流传于温州。嘉靖间张松溪为最著。松溪之徒三四人，而四明叶继美近泉为之魁，由是流传于四明。四明得近泉之传者，为吴崐山、周云泉、单思南、陈贞石、孙继槎，皆各有授受。崐山传李天目、徐岱。天目传余波仲、吴七郎、陈茂宏。云泉传卢绍岐。贞石传董扶舆、夏枝溪。继槎传柴玄明、姚石门、僧耳、僧尾。而思南之传，则为王征南。思南从征关白，归老于家，以其术教授。然精微所在，亦深自秘惜，掩关而理，学子皆不得见。征南从楼上穴板窥之，得梗概。思南子不肖，思南自伤身后莫之经纪。征南闻之，以银卮数器，奉为美櫃之资。思南感其义，始尽以不传者传之。征南为人机警，得传之后，绝不露圭角，非遇甚困则不发。值夜出侦事，为守兵所获，反接廊柱，数十人轰饮守之。征南拾碎瓷偷割其缚，探怀中银望空而掷，数十人方争攫取，征南遂逸出，数十人追之，皆蹃地匍匐不能起。行数里，迷道田间，守望者又以为贼也，聚众围之。征南所向，众无不受伤者。岁暮独行，遇营兵七八人挽之负重，征南苦辞求免，不听。征南至桥上弃其负，营兵拔刀拟之。征南手格，而营兵自掷仆地，铿然刀坠，如是者数人，最后取其刀投之井中。营兵索绠出刀，而征南之去远矣。凡搏人皆以其穴，死穴、晕穴、哑穴，一切如铜人图法。有恶少侮之者，为征南所击，其人数日不溺，踵门谢过，乃得如故。牧童窃学其法，以击伴侣，立死。征南视之曰："此晕穴也，不久当苏。"已而果然。征南任侠，尝为人报仇，然激于不平而后为之。有与征南久故者，致金以仇其弟，征南毅然绝之曰："此以禽兽待我也。"征南名来咸，姓王氏，征南其字也。自奉化来鄞。祖宗周，父宰元，母陈氏，世居城东之车桥。至征南而徙同岙。少时隶卢海道若腾，海道较艺给粮，征南尝兼数人，直诣行部。征南七矢破的，补临山把总。钱忠介公建国以中军统营事，屡立战功，授都督佥事副总兵官。事败，犹与华兵部勾致岛人，药书往复。兵部受祸，仇首未悬，征南终身菜食以明其志，识者哀之。征南罢事家居，慕其才艺者，以为贫必易致，营将皆通殷勤，而征南漠然不顾。锄地担粪，若不知其长有易于求食者在也。一日遇故人，故人与营将同居，方延松江教师讲习武艺。教师倨坐弹三弦，视征南麻巾缊袍若无有。故人为言征南善拳法，教师斜盼之曰："若亦能此乎？"征南谢不敏。教师轩衣张眉曰："亦可小试之乎？"征南固谢不敏。教师以其畏己也，强之愈力。征南不得已而应。教师被跌，请复之，再跌，而血流被面。教师乃下拜，赘以二缣。征南未尝读书，然与士大夫谈论，则蕴藉可喜，了不见其为粗人也。予尝与之入天童，僧山焰有膂力，四五人不能掣其手。稍近征南，则蹶然负痛。征南曰："今人以内家无可炫耀，于是以外家搀入之，此学行当衰矣！"因许叙其源流。忽忽九载，征南以哭子死。高辰四状其行，予求志之。生于某年丁巳三月五日，卒于某年己酉二月九日，年五十有三。娶孙氏，子二人，梦得，前一月殇；次祖德。以某月日葬于同岙之阳。铭曰："有技如斯，而不一施。终不鬻技，其志可悲。水浅山老，孤坟孰保。视此铭章，庶几有考。"

第四节 王征南内家拳法

黎州季子黄百家之述内家拳法云：自外家至少林，其术精矣。张三丰既精于少林，复从而翻之，是名内家。得其一二者，已足胜少林。王征南先生从学于单思南，而独得其全。余少不习科举业，喜事甚，闻先生名，因裹粮至宝幢学焉。先生亦自绝怜其技，授受甚难其人，亦乐得余而传之。居室欹窄，习余于其旁之铁佛寺。其拳法有应敌打法色名若干（长拳滚砍、分心十字、摆肘逼门、迎风铁扇、异物投先、推肘补阴、弯心杵肋、舜子投井、剪腕点节、红霞贯日、乌云掩月、猿猴献果、绾肘裹靠、仙人照掌、弯弓大步、兑换抱月、左右扬鞭、铁门闩、柳穿鱼、满肚疼、连枝箭、一提金、双架笔、金刚跌、双推窗、顺牵羊、乱抽麻、燕抬腮、虎抱头、四把腰等法），穴法若干（死穴、哑穴、晕穴、咳穴、膀胱、虾蟆、猿跳、曲池、锁喉、解颐、合谷、内关、三里诸穴）。所禁犯病法若干（懒散、迟缓、歪斜、寒肩、老步、腆胸、直立、软腿、脱肘、戳拳、扭臀、曲腰、开门捉影、双手齐出）。而其要则在乎练。练既熟，不必顾盼拟合，信手而应，纵横前后，悉逢肯綮。其练法，有练手者三十五（斫、削、科、磕、靠、掳、逼、抹、芟、敲、摇、摆、撒、镰、擩、兜、搭、剪、分、挑、绾、冲、钩、勒、耀、兑、换、括、起、倒、压、发、插、削、钩），练步者十八（撒步、后撒步、碾步、冲步、撒步、曲步、踢步、敛步、坐马步、钓马步、连枝步、仙人步、分身步、翻身步、追步、逼步、斜步、绞花步），而总摄于六路与十段锦之中。有歌诀。其六路歌曰："佑神通臂最为高，斗门探锁转英豪。仙人立起朝天势，撒出抱月不相饶。扬鞭左右人难及，煞捶冲掳两翅摇。"其十段锦歌曰："立起坐山虎势，回身急步三追。架起双刀敛步，滚砍进退三回。分身十字急三追，架刀斫归营寨。纽拳辗步势如初，滚砍退归原路。入步韬在前进，滚砍归初飞步。金鸡独立紧攀弓，坐马四平两顾。"顾其词皆隐略难记，余因各为诠释之，以备遗忘。诠六路曰："斗门，左膊垂下，拳拳相对为斗门。右足踝前斜靠左足踝后，名连枝步。右手以双指从左拳钩进复钩出，名乱抽麻。右足亦随右手向左足前钩进复钩出，作小蹋步还连枝，通臂长拳也。右手先阴出长拳，左手伏乳，共四长拳，足连枝，随长拳微槎挪左右。凡长拳要对直，手背向内，向外者即病，中截法拳。仙人朝天势，将左手长拳往右耳后向左前斫下伏乳，左足搓左，右手往右耳后向右前斫下，钩起搁左拳背，拗右拳正当鼻前，似朝天势。右足跟划进裆前横，向外靠左足尖，如丁字样，是为仙人步。凡步俱蹲矬，直立者病，法所禁。抱月，右足向右至后大撒步，左足随转右，作坐马步，两拳平阴相对，为抱月。复搓前手还斗门，足还连枝，仍四长拳。敛左右拳，紧又当胸，阳面右外左内，两肘夹胁。扬鞭，足搓转向后，右足在前，左足在后，右足即前进追步。右手阳发阴，膊直，肘平屈，横直如角尺样。左手扯后，伏胁一敛，转面左手亦阳发阴，左足进同上。煞捶，左手平阴屈横，右手向后兜至左掌，右足随右手齐进至左足后。冲掳，右手右后翻身直斫，右足随转向后，左足揭起，左拳冲下着左膝上，为钓马步。此专破少林搂地挖金砖等法者。右手掳左肘，左手即从右手内竖起，左足上进逼步，右足随进，后仍还连枝，两手仍还斗门。两手摇摆，两足搓右作坐马步，两拳平阴着胸。先将右手掠开，平直如翅，复收至胸，左手亦然。铨十段锦曰：坐山虎势，起斗门，连枝足搓向右，作坐马。两拳平阴着胸，急步三追，右手撒开转身，左手出长拳，同六路。但六路用连枝步，至搓转方右足在前，仍还连枝步。而此用进退敛步，循环三进。双刀敛步，左膊垂下，拳直竖当前。右手平屈向外，搓左足内两足紧敛步。滚斫进退三回，将前手抹下，后手斫进，如是者三进三退。凡斫法上圆中直下仍圆，如钺斧样，分身十字，两手仍着胸，以左手撒开，左足随左手出，右手出长拳，循环三拳。右手仍着胸，以右手撒开，左足转面。左手出长拳，亦循环三拳。架刀斫归营寨，右手复叉左手内，斫法同前。滚斫法但转面只三斫，用右手转身。纽拳碾步，拳下垂，左手略出，右手下出上进，俱阴面。左足随左手，右足随右手搓挪，不转面两纽。滚斫退归原路，左手翻身三斫，退步韬随前进，左手平着胸，略撒开，平直，右手覆拳兜上，至左手腕中止。左足随左手入，敛步翻身，右手亦平着胸，同上。滚斫归初飞步，右手斫后，右足搓挪。金鸡独立紧攀弓，右手复斫，左足搓转，左拳自上至下，左足钓马进半步，右足随还连枝，即六路拳冲钓马步。坐马四平两顾，即六路两翅摇摆，还斗门，转坐马摇摆。六路与十段锦多相同处，大约六路练骨使之能紧，十段锦紧后又使之放开。先生见之笑曰："余以终身之习，往往犹费追忆，子一何简捷若是乎？虽然，子艺自此不精矣。"先生之所注意，独喜自负，迥绝乎凡技之上者，则有盘斫。拳家惟斫最重。斫有四种：滚斫、柳叶斫、十字斫、雷斫。而先生另有盘斫，则能以斫破斫。此则先生熟久智生，划焉心开，而独创者也。方余之习拳于铁佛寺也，琉璃渗淡，土木狰狞。余与先生演肄之余，浊酒数杯，团圞绕步，候山月之方升，听溪流之呜咽。先生谈古论今，意气慷慨。因为余兼及枪刀剑钺之法曰：拳成此外不难矣。某某处即枪法也，某某处即剑钺法也。以至卒伍之步伐，阵垒之规模，莫不淋漓倾倒。曰："我无传人，我将尽授之子。"余时鼻端出火，兴致方腾。慕睢阳伯纪之为人，谓天下事必非龌龊拘儒之所任，必其能上马杀敌，下马勤王，始不负七尺于世。当是时，西南既靖，东南亦平，四海晏如，此真挽强二石不若一丁之时。家大人见余斫弛放纵，恐遂流为年少狭邪之徒，将使学为科举之文。而余见家世飘零，当此之时，技即成而何所用？亦遂自悔其所为。因降心抑志，一意夫经生业，担簦负笈，问途于陈子夔献、陈子介眉、范子国文、万子季野、张子心友等，而诸君子适亦俱在甬南。先生入城时，尝过余斋，谈及武艺事，犹为余谆谆恺切曰："拳不在多惟在熟，练之纯熟，即六路亦用之不穷。其中分阴阳止十八法，而变出即有四十九。"又曰："拳如绞花槌，左右中前后皆到，不可只顾一面。"又曰："拳亦由博而归约，由七十二跌（长拳滚斫、分心、十字等打法名色）、三十五掌（斫、削、科、磕、靠等）以至十八（六路中十八法），由十八而十二（倒、换、搓、挪、滚、脱、牵、绾、跪、坐、挝、拿），由十二而总归存心之五字（敬、紧、径、劲、切）。故精于拳者，所记只有数字。"余时注意举业，虽勉强听受，非复昔日之兴会。而先生亦且贫病交缠，心枯容悴而惫矣。今先生之死止七年，吾乡盗贼亦相蚁合，流离载道，白骨蔽野。此时得一桑怿足以除之，而二三士子犹伊吾于城门昼闭之中。当事者命一二守望相助等题，以为平盗之政。士子摭拾一二兵农合一之语，以为经济之才。龙门子秦士录曰："使弼在必当有以自见。"言念先生竟空槁三尺蒿下，宁不惜哉。嗟乎，先生不可作矣。念当日得先生之学，即岂敢谓遂有关于匡王定霸之略，然而一障一堡，或如范长生樊雅等保护乡间，自审谅庶几焉。亦何至播徙海滨，担簦四顾，望尘起而无遁所如今日乎。则昔以从学于先生而悔者，今又不觉甚悔夫前之悔矣。先生之术，所授者惟余。余既负先生之知，则此术已为广陵散矣。余宁忍哉，故特备着其委屑，庶后有好事者，或可因是而得之也。虽然，木牛流马，诸葛书中之尺寸详矣，三千年来，能复用之者谁乎？

  谨案各节文献所载，言张三丰所传拳法为内家拳，迄无称太极拳者。而姿势名称亦且大异。言太极拳为张三丰为传者，惟杨氏旧谱太极拳论后附记云："此系武当山张三丰老师遗著，欲天下豪杰延年益寿，不徒作技艺之末也。"在陈氏拳谱，则云为其远祖所自创。其另有与杨氏相同之谱，则以通家之谊。或系反得之杨氏者，故其辞字相同，而附记亦如此云云也。武禹襄之甥李亦畬先生《序太极拳》云："太极拳不知始自何人。"盖武氏学自陈沟，陈沟之谱，无张三丰所传之说，而武氏亦未承认为陈氏所自创。观李自序云："从母舅学习此技，口授指示，不遗余力。"窃疑武氏并谱亦无之。李跋又云："得谱于舞阳县盐店。"可知李之谱非武氏所传者，武氏所传，为口授耳。然则张三丰传太极拳之说，仅见于杨氏谱之附记。而杨氏之附记，必别有所据矣。近人致疑于此，考据成秩，迄无究竟，皆未论及宋氏太极功之谱，盖未见之，无怪其然也。余于宋谱之记载，而信证其不误。以宋谱所记，非为张三丰之太极十三式，乃叙其所学之三世七，而旁及他派耳。杨氏附记云云，或闻此耶。诘者曰："宋氏谱一手抄本耳，何足为据？"曰：各家拳谱，皆手抄本，往昔印行者甚少，且有禁令。如言不足据，则皆不足据耳，岂独宋谱耶！且治考据学者，以博为其道也，如以印者为真，抄者为假，斯妄人矣。余见宋谱，已逾二十年，而许氏《太极拳势图解》之编著，在民国八年，亦已根据宋谱列论。宋书铭氏之名，著称燕京，于时已十余载，吴鉴泉诸先辈，胥入其门称弟子，彰彰之迹，岂容假借！第宋氏没而其道无传，后学不知，故置疑张三丰所传之说为无据耳，因并妄断三世七等拳法为虚伪，是不惟未见宋氏拳谱，且不知有宋书铭其人与事迹也，考据云乎哉。由此证知张三丰创传拳法为不妄。在私家记载，则有太极十三式，志传所称，则有内家拳，盖其所能之拳法或甚多，而传世者，人仅知此二种。今则内家拳法已失其真，惟太极十三式尚流播于世，有幸有不幸也。兹篇采内家拳法有关之传记以实文献，亦不忘源渊之意耳。

第四章　太极拳名著

第一节　太极拳论"附注"

一举动　举动者，举手动足也，太极拳以动为用，一动无有不动。又一为数之始，虽微动、略动，皆谓之一举动，胥宜合乎规矩，不得以小而忽之也。

周身俱要轻灵　周身，全体也。俱，皆也。轻灵，指不重滞而言。拳式开始后，由一举动以至于无穷动作法式，全体皆毫不重滞，舒畅自然也。

尤须贯串　尤，更也。贯串，联接不断也。言练习拳式，既要全体无滞，更须联接不断，则始终轻灵，无丝毫重滞间断参于其间。一式如此，式式作如此观也。

气宜鼓荡　鼓荡，震动也。气由呼吸之压提升缩，以运动脏腑，使之与体外各式动作合拍，则内外一致，可以助长体力及内劲，故曰气宜鼓荡也。但如着意努力为之，而离乎轻灵自然之规矩，则不徒无益，反生大害矣。

神宜内敛　神，精神之现于外者也。如兴奋则趾高气扬，萎靡则垂头丧气，皆神现于外之表示。练拳式时，多有昂首张胸，以示勇武，或心驰外物，而不专一。敛，收也。言外驰之神，宜收敛于内，犹求其放心之意。

毋使有缺陷处　毋，勿也。缺陷，破损不完整也。轻灵贯串，智慧之敏捷使然，鼓荡为气之充，内敛乃神之用。凡此所指，皆勿使有破缺损陷之处，不仅以姿式为言也。

毋使有凸凹处　凸凹，不平之貌。太极拳之运动，如环无端，如有凸凹之处，则失之矣。

毋使有断续处　断续者，断而复续也。太极拳无一式停止断绝，而再接下式之处。各式脉络互通，一气呵成，故取象乎太极一图。如有断续，义既无取，更何所象乎。

其根在脚，发于腿，主宰于腰，形于手指　此言意、气、劲三者运行之路

31

线也。根，本也。脚，足底也。语云："至人息以踵。"由踵而生，上发于腿也。主宰于腰者，以腰脊为全体之主宰也。人体之栋柱，厥惟脊骨，四肢附焉。起落进退，俯仰转折，全赖于腰。脊骨之附着，上实下虚，实者为心胸，虚者为腰腹，以虚灵之故，乃能主宰全体而运用之也。形于手指者，循腰脊至于肩，至于肘，而腕，而掌，达于手指也。太极拳之运动，以虚灵为本，然若漫然为之，无所主宰，势必浮靡散涣，丧其本真。故必有物以提其纲领，竖其线路，由脚至手指。其内联系贯通，如响斯应，有澈上澈下一贯到底之妙，乃能周身轻灵，运用自如。否则下停于胯膝，中滞于腰脊，上阻于肩肘，则全无是处矣。

由脚而腿而腰，总须完整一气 完整，无阻滞无断续也。人体之全重，悉支于两腿，重则不易移动，不能轻灵，今欲使举重如轻，舍此道而无由。然由脚至腰，如有阻滞有断续，其内劲不完整一气者，仍无由达，仍不能支配身体使之自如。故曰："总须完整一气。"此要言不烦之秘诀也。

向前退后，乃得机得势 向前退后，拳法自具之动作也。机，要也，时会也。势，形势也。拳式之向前退后，为全体之动作，移动全体之重量，而不背上述之道，乃能得其要而不失时会，获得致胜之形势也。反衬不由此道者，其意志为身体状态所支配，而不能支配身体之动作，则决不能得机得势，即无以达成功之域也。

有不得机得势处，身便散乱，其病必于腰腿求之 散乱者，不完整也。在习者自身感觉不能轻灵如意而失机失势，则谓之散乱也。凡此散乱之病，皆发于腰腿。发于腰，则上体笨滞，运用辄乖。发于腿，则两脚痴重，进退无方。故曰："其病必于腰腿求之也。"此言散乱之病，因于不得机得势，以呼应上文完整之利，可以得机得势。一利一病，全系乎腰腿，反复叮咛，示人以真诀，习者其亦知所重矣。

上下前后左右皆然 前文言得机得势，指向前退后，犹未足以尽也。须知无论若何动作，皆关于腰腿内劲之如何。内劲联贯完整，则处处得机得势。其不联贯完整，腰腿各自为政者，则全身散乱，向前退后及上下左右之动作，皆不能得机得势矣，所谓一着错则全盘输。故曰"上下前后左右皆然"，以明关系之重也。

凡此皆是意，不在外面 此承上文所列习太极拳之真诀而总括之，恐习者之误会也。凡上文所言，如周身轻灵贯串、荡气敛神，意为之也。毋使有缺陷凸凹断续之处，意为之也。由脚而腿而腰而指，以内劲一线贯串，皆意为之也。必存此意，守此法，念兹在兹。意之所至，气劲随之，内舒畅而外自然，非敷陈于体外，有形可见，有迹可征也。若误认为外，势必专习腰腿，用力将事。世有此拳法，而此太极拳则非是也。故郑重言之曰："凡此皆是意，不在外面也。"

有上即有下，有前即有后，有左即有右 上文言习太极拳之体，自此以次，兼言太极拳之用矣。拳式为法既繁，为意至夥，言其用，则变化万千，非可指数，然得其要者，一言而终。兹示其纲领曰："动作之向上者，上之极则必下。向前者，前之极则必后。向左者，左之极则必右，千变万化，皆不离此原则。是名之曰开合劲、往复劲，为各项应用法所必具。故不厌其烦而列举之也。

如意要向上，即寓下意 若将物掀起，而加以挫之之意，斯其根自断，乃坏之速而无疑。寓，寄也，存也。掀，揭也，提也。意要向上者，泛言拳式拳法之任何向上之一动也。即寓下意者，于向上之动作时，即寄存向下之意，不待向上之劲完毕，而始向下也。若将物掀起而加以挫之之意者，言犹振衣者之掀提衣领，而挫折震动。又如策驷者之举鞭挫折而生声响，其用劲可比譬也。于是因挫折之故，其根自断，乃坏之极速，而无可疑焉。在拳法之往复折叠劲，寓折叠于一往一复之中间，无一式一动无之，盖其要全在于意要向上时，已存下意，则蓄劲厚而挫折迅速。若向上之劲毕，始转而向下，则劲薄散不蓄，虽欲掀挫而无从。此即蓄劲如开弓，发劲如放箭之意也。无论上下左右前后，其意皆同。

虚实宜分清楚，一处自有一处虚实，处处总此一虚实 虚实所在，有以力之有无分之者，误也。太极拳法，全在用意，用意久而渐成自然，称之为懂劲。凡一动作，有虚有实，先须分析清楚。如上者为虚，则下者为实。左者为实，则右者为虚。此对待之虚实也。或腕实而肘虚，或掌虚而臂实，此一处自有之虚实也。若此式之运用为虚，彼式之运用为实。或先虚后实，或先实后虚，或虚实相间，以至当虚则虚，当实则实。实中有虚，虚中有实，意之所向，捷若影响，所谓处处总此一虚实也，然非有纯功，何能运用适当哉。

周身节节贯串，无令丝毫间断耳 言周身者，非支节为之可以成功也。乃混元一气，毛发无遗，若徒练一手一足之能，而得此失彼，如盲者之尚能履，跛者之尚能视者，不足以语此。是必节节贯串，如臂之使掌，掌之使指。万窍毕开，百骸俱通，无使有丝毫间断之处也。此承上文虚实宜分清楚之意而言，一言分晰，则支节为之，失贯串之旨，故再以节节贯串，提醒耳目，丝毫之间断尚不可，况支节分析而为之乎。

此论以周身起，以周身终，深得行文照应之法。而全篇以贯串及用意两大手眼示人，如"尤须贯串""须完整一气""周身节节贯串"。反复指示，如"凡此皆是意""意要向上，即寓下意""若将物掀起，而加以挫之之意"。郑重叮咛，体用悉备，即此是法。

长拳（太极拳亦名长拳）者，如长江大河，滔滔不绝也。十三式者，掤、捋、挤、按、採、挒、肘、靠，此八卦也。进步、退步、左顾、右盼、中定，此五行也。掤、捋、挤、按，即乾、坤、坎、离，四正方也。採、挒、肘、靠，即巽、震、兑、艮，四斜角也。进、退、顾、盼、定，即火、水、木、金、土也。

此节在旧谱即附于前论之后，兹仍之以存其真，文极明浅，无庸赘注。

第二节　太极拳经详注

太极者，无极而生　太，大也，至也。极者，枢纽根柢之谓。太极为天地万物之根本，而太极拳则为各拳之极致也。无极而生者，本于无极也。此拳重在锻炼精神，运劲作势，纯任自然，不甚拘于形式，以虚无为本，包罗万象，故曰无极。然初学者，究当就有形之姿势入手学习，久之，着熟懂劲，始能入于神化之境。

案周廉溪太极图说，无极而太极。注云："上天之载，无声无臭，而实造化之枢纽，品汇之根柢也。故曰无极而太极，非太极之前复有无极也。"此云无极而生，究有语病。

动静之机，阴阳之母也　变易物体之位置或动体进行之方向曰动。保存或维持其固有之位置或方向曰静。机者、朕兆也。如《阴符经》"天发杀机"之机。夫动静无端，阴阳无始，太极者，其枢纽机关而已。太极拳当行功时，中心泰然，抱元守一，未尝不静。及其静也，神明不测，有触即发，未尝无动。于动时存静意，于静中寓动机。一动一静，互为其根，合乎自然。此太极拳术之所以妙也。

动之则分，静之则合　动，变动也。动之则分阴分阳，两仪立焉。静之则冲漠无朕，而阴阳之理已悉具其中矣。太极拳术当行功时，其各姿势一动一静相间。其动者，前后左右上下，均有阴阳虚实可循，故曰："动之则分。"其静的姿势，虽无痕迹可指，然阴阳虚实已具其中，故曰："静之则合。"若作运劲解，则太极之阳变阴合，即物理学分力合力之理也。太极拳术遇敌欲制我时，则当分截其劲为二，使敌力不能直达我身（背劲），所谓动之则分是也。若将敌粘起用提劲，阳之变也。及起须静以定之，使不得动。或敌劲落空，稍静即发，利用合劲，阴之合。倘敌欲发我，则应中心坦然，审候应机，静以俟之，微动即应。所谓后人发先人至是也。

夫道一而已矣 当混沌未判、鸿蒙未开，本无动静，何有阴阳。故以虚无本者，无不合道。天地如是，太极如是，太极拳习至极精处，亦如是也。然此指先天而言，指习拳术功深进道者而言，初学之士，骤难语此也。及乾坤既定，两仪攸分。有阴阳，始有动静。则言太极者，不能不就有形象者以讲求之。太极拳之分合动静，合乎阴阳，如动势须求开展，运劲务明虚实。刚则化之，故曰分。柔则守之，故曰合。坤在静中求动，无为始而有为终，必须伏炁。乾则动中求静，有为先而无为了，只要还虚。盖万物之理，以虚而受，以静而成。天地从虚中立极，静中运机，故混沌开而阖辟之局斯立，百骸固而无极之藏自主，无不从虚静来也。重阳子曰："此言大道之原，而功先于虚静。虚则无所不容，静则无所不应。"由是观之，习太极拳者，倘以虚静为本，则分合变化，自无不如意也。

无过不及，随曲就伸 过，逾也。不及，未至也。随，无逆也。就，即之也。过与不及，皆为失中。失中则阳亢阴暌，未有能合也。太极拳于曲伸分合等处，运劲过则生顶抗等病，不及则有丢扁等病。欲求不即不离，则应随之而曲，就之而伸，随机应变，毋固毋我。因力于敌，以中为主，而粘连黏随以就之，自无不合。所谓君子而时中也。案初学此者，每失之过，迨稍懂劲，则每失之不及。学者宜审慎之。

人刚我柔谓之走，我顺人背谓之粘 人者，敌也。刚，指刚强有力而言。柔者，无抵抗也。走者，化也。柔以承之，变化敌力之方向，不为敌制，故曰走。顺者，自由便利也。背者，不自由不便利也。粘者，取制敌人之力也。遇敌施刚力时，我惟顺应其势，取而制之，使俯就我之范围，如以胶着物，故曰粘。太极拳常以小力敌大力，无力御有力，弱胜强，柔制刚，为其主旨。但以常理言之，小固不可以敌大，弱固不可以胜强，柔固难期以制刚。然云敌之胜之制之者，必有其所以制胜之理在。盖敌力须加吾身，方生効力。苟御制得道，趁其用刚发动之始，审机应变，采取擒获，使还制其身，则我虽弱，常居制人地位。敌虽强，常居被制地位，难于自由发展，力虽巨奚盖？此老聃"齿敝舌存"之说也，颇合太极拳刚柔之义。然非好学深思之士，未足以语此。

动急则急应，动缓则缓随，虽变化万端，而理为一贯 此言己动作之迟速，当随敌动作迟速之程度而异。但欲识敌之迟速程度，须先体察敌力之动机，方能因应咸宜。何谓动机，周濂溪《通书》有云："动而未形有无之间者曰机"。又曰"机微故幽"。难识如此，设非功深，不易知也。然苟得其机，敌虽变化万端，由一本而万殊，而我则执两用中，扼万殊使归一本。审机应候，无过不及。敌运动甚速，而我应付迟缓，则失之缓。敌劲尚未运到，而我先逆待，或加以催迫，则敌反有机可乘，是谓性急，其弊一也。守一以临，纯任自然，无丝毫之凝滞矣。故曰，得其一而万事毕是也。

由着熟而渐悟懂劲，由懂劲而阶及神明，然非用力之久，不能豁然贯通焉 此言习太极拳者，进功自有一定之程度，而不可躐等躁进也。太极拳之妙，全在用劲（此劲字系灵明活泼由功深练出之劲，不可仅作力量解）。然劲为无形，必附丽于有形之着，始能显著。言太极拳者，每专恃善于运劲，而轻视用着，以致习者无从捉摸，有望洋兴叹之慨，虚度光阴，难期进益，较循序渐进者，反事倍功半，不遵守自然之程序故也。昔孔子讲学，常因材施教，故诸门弟子，各得其益。拳术虽属小技，然执涂人而语以升堂入室之奥，未有能豁然者也。故习此拳者，应先模仿师之姿势。姿势正确矣，须求各姿势互相联贯之精神。拳路熟习矣，须求各势着数之用法。着熟矣，其用是否能适当。用均得其当矣，其劲是否不落空。劲不落空，是真为着熟。再由推手以求懂劲，研求对手动作之轻重迟速，及劲行之趋向方位。久之自征懂而略懂，进至于无微不觉，无处不懂，方得称为懂劲。懂劲后，不求用着而着自合，进至无劲非着，无着非劲。渐至不须用着，只须用劲。再至不求用劲，而劲自合。洎至以意运劲，以气代意，精神所触，莫之能御，则阶及神明矣。是非数十年纯功，曷克臻此。

虚领顶劲 虚，一作须，似宜从虚。虚者，对实之称，实即窒滞难巧也。顶者，头顶，亦曰囟门。小儿初生时，此处软骨未合，常随呼吸颤动，道家称为上丹田泥丸宫，盖藏神之府也。佛家摩顶受记，道家上丹田练神，《易》

曰，"行其庭，不见其人"（庭指天庭，头顶也；行，神气流行也；不见其人，虚也）。《黄庭经》云，"子欲不死修昆仑"（山名，喻头顶）。均示人修养之要诀也。夫人之大脑主思想，小脑主运动，而头顶实首出庶物，支配神经，为主宰之枢府。其地位重要如此，宜为修养所注重。练太极拳者，向主身心合一，内外皆修，精神与肉体二者，同时锻炼。故用劲时，必运智于脑，贯神于顶，务使顶上圆光，虚灵不昧，所以炼神也。盖头为全身纲领，纲从则目张。头顶悬，则周身骨骼正直，筋肉顺遂，偶有动作，全身一致，左右前后，无掣肘之虞矣。

气沉丹田 丹田，穴名。道家谓丹田有三，一居头顶以藏神。一居中脘以蓄炁。一居脐下以藏精。此指下丹田也（脐下三寸）。常用深呼吸，使气归纳于此，自能气足神旺。《黄庭经》云："呼吸庐外入丹田，审能行之可常存。"盖常人呼吸短促，每至中脘而回（中脘，横膈膜也），不能下达此处，因之循环迟缓，肺力薄弱，不足以排泄腹中炭养。血脉不能红活，于人之寿命，关系至巨。老子曰："天地之间，其犹橐籥乎。"又曰："虚其心，实其腹。"盖吐故纳新（吐，吐腹中浊气。纳，吸新鲜空气也），归根复命（根，根蒂，指下丹田命门精气也。归复者，以意逆志于此也）。以心意导精气于下丹田，而施烹炼也，久之自能延年祛病。下丹田为全身重点所在，习拳术者沉气于此，则屹然不动，不易撼倒。但沉者，徐徐而下，在有意无意之间，非若外家之用力下沉，外膨小腹也。倘或不慎，每致肠疝诸症。日本之静坐家刚田虎二郎，罹糖尿病逝世，议者疑是努力下丹田所致，非无因也。

不偏不倚，忽隐忽现 偏，偏颇失中也。倚，倚赖失正也。隐，隐藏。现，表现。忽隐忽现者，神明不测也。上指身体姿势，下指神气运劲而言。太极虚明中正者也，于姿势则必中正，于运劲若有意无意，使神气意力全身贯彻，无过不及，忽隐忽现，令人不可捉摸。练习纯熟，便易领悟。几何学定理，两点之间，只可作一直线。太极拳上领顶劲，下守重心，周身中正，便无不是处矣。但领守均须含活泼之意，富自然之趣。过于矜持，则神气凝滞，姿态呆板，运劲不能虚灵，动生障碍矣。故曰："忽隐忽现也。"

左重则左虚，右重则右杳 此仍承上文而言。吾隐现无常，敌以吾力在左，思更加重吾左方之力，使失平衡，吾则虚以待之，令敌力落空。敌揣吾右方有力，可以擒制，吾即隐而藏之，虚实易位，随机善应，敌更何所施其技耶？

仰之则弥高，俯之则弥深 仰，升。俯，降也。敌欲提吾使上，吾即因而高之。敌欲押吾使下，吾即因而降之，敌遂失其重心，反受吾制矣。因仍变迁，潜移默化，运用之妙，在于一心。

进之则愈长，退之则愈促 进，前进也。长，伸舒也。退，后也。促，逼迫也。吾前进时，倘敌顺领吾劲时，吾则长身以随之，使无可退避。或敌乘势前进，吾即引而伸之，使力到尽头，自不得再逞，吾若退后，敌力逼来，每致逼促，无路可逃，然退而即进，虽促不促矣。《易》云"天行健，君子以自强不息"，示人遇事当积极进行，不可退缩也。太极拳虽以柔静为主，但非务为退避。其佯退者，乃以退为进，非真退也。若竟退时，倘遇敌随之深入，逼迫不自安矣。又敌退后时，吾进而迫之使愈促。吾退后时，敌力跟来，吾则或俯身折叠，以促其指腕。或旁按臂弯，使敌促迫不安，而不能再进。全在因势利导，不必拘泥也。

一羽不能加，蝇虫不能落 羽，翎羽也。加，增之也。落，降也，着也。言善太极功者，感觉敏锐，稍触即知，稍纵即逝。虽轻如一羽，微如蝇虫，稍进吾体，亦即知觉，趋避而不令加着也。夫虚灵不昧之谓神，有知觉然后能运动。致虚极，守静笃。寂然不动，感而遂通，有不期然而然者。非锻炼有素，肢体软灵，富有触力，未足以语此也。

人不知我，我独知人，英雄所向无敌，盖皆由此而及也 虚静则阴阳相合，觉敏则刚柔互济。敌偶动作，吾无不知。吾之动作，敌尽难知。拳术家所向无敌，盖均由此。孙子曰："善战者，无赫赫之功。"又曰："知己知彼，百战不殆。不知彼而知己，一胜一负。"人不知我，我独知人，则所向无敌矣。

斯技旁门甚多 泛指他项拳术而言。

虽势有区别 流派不同，姿势各异。

概不外乎壮欺弱、慢让快耳 他种拳术，重力量，尚着法，而不求懂劲，故于机势妙合、运用灵敏、以静制动诸诀，概不过问。

有力打无力，手慢让手快，此皆先天自然之能 谓力大与敏捷二者，均为天赋能力。

非关学力而有所为也 非由学而能者。

察四两拨千斤之句，显非力胜 如秤衡秤物，滑车起重，全赖杠杆斜面等理。太极拳以小力胜大力，以无力制有力，与科学暗合。

观耄耋能御众之形，快何能为　古称七十曰耄，八十曰耋。年老之人，举动迟缓，然古之名将，如廉颇等，虽老尚能胜众，是必不仅恃手足速快已也。

立如平准　中正安舒，不偏不倚，脊背三关，自然得路也。

活似车轮　圆妙庄严，灵活无滞，则周身法轮，常转不已矣。

偏沉则随　偏，指一端也。如吸水机，如撒酒器，使一端常虚，故能引水。如欹器之不堪盈满，满则自覆矣。

双重则滞　有彼我之双重，有一己之双重。太极拳以虚灵为本，单重尚且不可，况双重乎。

每见数年纯功，不能运化者，率皆自为人制，双重之病未悟耳　古云："恃德者昌，恃力者亡。"《易》曰："天行健，君子以自强不息。"盖言虚则灵，灵则动，动则变，变则化，化则无滞耳。善应敌者，常制人而不制于人，而况自为人所制乎。用功虽纯，苟不悟双重之弊，犹未学耳。

欲避此病　双重之病。

须知阴阳　阴阳之解甚多，前已述之，兹不复赘。

粘即是走，走即是粘　一而二、二而一者也，制敌劲时谓之粘，化敌劲时谓之走。制而化之，化而制之。制即化，化即制也。

阴不离阳，阳不离阴，阴阳相济，方为懂劲　知彼己之刚柔虚实，则阴阳互为消长。以虚济盈，而不失其机，斯真懂劲。

懂劲后，愈练愈精　反衬不懂劲，则愈练愈不精也。

默识揣摩，渐至从心所欲　懂劲后，能自揣摩，默而识之，有余师矣。

本是舍己从人　毋意，毋必，毋固，毋我。随机应变，不拘成见。

多误舍近求远　不知机而妄动者，动则得咎。

所谓差之毫厘，谬之千里　区别甚微，人易谬误。

学者不可不详辨焉，是为论　古人云："获得真诀好用功。"苟不详为辨别，则真妄费工夫矣。

第三节　十三式歌

十三式式莫轻视，命意源头在腰隙。变转虚实须留意，气遍身躯不少滞。静中触动动犹静，因敌变化示神奇。式式存心窥用意，得来全不费功夫。刻刻留心在腰间，腹内松静气腾然。尾闾中正神贯顶，满身轻利顶头悬。仔细留心向推求，屈伸开合听自由。入门引路须口授，功夫无息法自修。若言体用何为准，意气君来骨肉臣。想推用意终何在，益寿延年不老椿。歌兮歌兮百四十，字字真切意无遗。若不向此推求去，枉费功夫贻叹惜。

第四节　行功心解

以心行气，务令沉着，乃能收敛入骨。以气运身，务令顺遂，乃能便利从心。精神能提得起，则无迟重之虞，所谓顶头悬也。意气须换得灵，乃有圆活之趣，所谓变动虚实也。发劲须沉着松静，专主一方。立身须中正安舒，支撑八面。行气如九曲珠，无往不利（气遍身躯之谓）。运劲如百炼钢，何坚不摧。形如搏兔之鹘，神似捕鼠之猫。静如山岳，动若江河。蓄劲如开弓，发劲如放箭。曲中求直，蓄而后发。力由脊发，步随身换。收即是放，断而复连。往复须有折叠，进退须由转换。极柔软，然后极坚硬。能呼吸，然后能灵活。气以直养而无害，劲以曲蓄而有余。心为令，气为旗，腰为纛。先求开展，后求紧凑，乃可臻于缜密矣。

又曰：先在心，后在身，腹松，气敛入骨，神舒体静，刻刻在心。切记一动无有不动，一静无有不静，牵动往来。气贴背，敛入脊骨。内固精神，外示安逸。迈步如猫行，运劲如抽丝。全身意在精神，不在气，在气则滞。有气者无力，无气者纯刚。气若车轮，腰如车轴。

第五节　打手歌

掤捋挤按须认真，上下相随人难近。任他巨力来打我，牵动四两拨千斤。引进落空合即出，粘连黏随不丢顶。

又曰：彼不动，己不动，彼微动，己先动。劲似松非松，将展未展。劲断意不断。

第六节　八字歌

掤捋挤按世间稀，十个艺人十不知。若能轻灵并坚硬，粘连黏随俱无疑。採挒肘靠更出奇，行之不用费心机。果得粘连黏随者，得其寰中不支离。

第七节　心会要诀

腰脊为第一之主宰，猴头为第二之主宰，地心为第三之主宰。丹田为第一之宾辅，掌指为第二之宾辅，足趾为第三之宾辅。

第八节　周身大用歌

一要心灵与意静，自然无处不轻灵。二要遍体气流行，一定继续不能停。三要猴头永不抛，问尽天下众英豪。如询大用缘何得，表里精粗无不到。

第九节　十六关要诀

活泼于腰，灵机于顶，神通于背，不使气，流行于气。行之于腿，蹬之于足，运之于掌，通之于指。敛之于髓，达之于神，凝之于耳，息之于鼻，呼吸往来于口。纵之于膝，浑噩于身，全身发之于毛。

第十节　功用歌

轻灵活泼求懂劲，阴阳既济无滞病。若得四两拨千斤，开合鼓荡主宰定。

第十一节　用功五志

博学：是多工夫。审问：不是口问、是心问。慎思：听而后当留心想念。明辨：生生不已。笃行：如天行健。

第十二节　四性归原歌

世人不知己之性，何能得知人之性。物性亦如人之性，至于天地亦此性。我赖天地以存身，天地赖我以致局。若能先求知我性，天地授我偏独灵。

谨按：本篇《太极拳论》，原题为张三丰遗著《太极拳经》，为山右王宗岳遗著。其十三式歌、行工心解、打手歌亦相传为王宗岳所著。然拳经文气充溢老到，语简而赅，允为杰作，与余篇迥乎不同，疑非一人手笔。而按之文中引证"四两拨千斤"语句。显系王氏以前名贤著传，但未可考究出之谁氏也。谨于太极拳论，稍加诠释，僭妄臆断，实所不免，亦为便初学计耳。《太极拳经》详注，全录许禹生先生注，未敢妄赞一辞。有此经得此注，两足千秋矣。八字歌、心会要诀、周身大用歌、十六关要诀、功用歌，皆许宣平递传宋远桥者。用功五志、四性归原歌，为程珌所传，均载于宋氏谱中。为习太极拳者所不可不知。八字歌以前各文，余原得之纪子修先师，纪得之杨氏者。宋谱则由许师禹生所抄传，谨就原谱次序编列，其中阙疑讹误，未敢以己意增删改定，一仍其旧，以存其真耳。每与诸同学揣摩讲论，以实践相期许，愈读愈觉有味。回溯纪师溘逝，已二十年，吴、许两师，皤然老矣。今检旧谱，不禁感慨系之。

第五章　太极拳教练法

第一节　教授太极拳应施之步骤

学太极拳难乎？不难也。盖由教者无正当之途径，学者遂失自然进功之程序，虚度光阴，难期进益。故欲练习太极拳而成功，须先确定施教之步骤。夫学者之信仰，虽基于教师之精神感化，然教师之技术亦不可轻。良以技术者，即精神之客观表现，最足以动学者之信仰。为教师者，性情温和，态度优美，技术精良，富于启发之言论。每莅操场，以身作则，模范以示学者。尤贵言行合一，不为虚渺之空谈，凡有所言，必征诸实际。尚活泼，戒粗野，贵敏捷，戒轻躁，恭礼仪，戒因循，此教者之态度应如是也。学者姿势之良否，纯赖平日随时为之矫正，若成为习惯，即不易改。教授姿势，应说明动作之次第方法及各式注意之点，与生理上所得之效果。并将不良之姿势，正其谬误，使学者明其运动，知所取法。不妨以多次重复之解释，变其辞语，多方取譬，以输入学者之心耳。积之既久，其所得之姿势运动，必整齐而活泼，此教授太极拳之初步应如是也。勤于锻炼之学者，若得良师之指授，半年而可有甚合规矩之正确姿势，此为余所数见。但所谓勤于锻炼者，一日必有四五小时不息之用功，尚须以意志贯注之，非若一般学者惟晨间片刻之运动，尚彼此借为谈话之时间，其终无成也必矣。学者姿势正确之后，应量其程度，渐次告以各势对敌应用之法，以相当之时期，逐次讲解完毕。则学者之姿势，进而为有意识之锻炼，此学者进功初步也。盖练习太极拳徒能作姿势之运动，不明应用，等于习其他运动身体之操法，决无所谓功夫。非仅初学者如是，即已学数十年，苟不明应用之方，亦毫无功夫之可言也。故必明习应用，练时贯以意识，斯为下功之初步。学者当此之时，致全力于此，必发生疑难，步步根寻。教授者应以各式所具之变化，随问随答，且作实际之比譬，以求学者能发生适当之应用，进而单练专练，以求一势之着熟，再求势势之着熟。着熟云者，应用方法已熟之谓也。斯谓教授者指引入门，由此便可底于成功也。或有诘余者曰："此种教授步骤，施之习外功者甚当，若内功拳术（即太极拳），即讲劲不讲着，倘一概而论，岂非内外不分乎？"余应之曰：此言差矣，似非真知太极拳者，此江湖欺人之说也，太极拳之真传不若是。《太极拳经》有曰"由着熟而渐悟懂劲"，此"劲"字指由日久练出之灵觉解，非着熟无以入懂劲之域，非懂劲无以竟太极之功。今若弃着而言劲，不啻缘木以求鱼。今之误入歧途者多矣，遂致用功数年，而无所就，胥由教授者不明步骤，故少成功也。

第二节　练习太极拳应历之程式

伟矣，太极拳之普及！习之者已有恒河沙数之多，而成功者为数仍少。非教法之未尽，即习法之未善也。盖一般教练之法，惟致力于所学之姿势，及四正推手术，虽数年纯功，亦仅足以强健体魄，欲求日有进益，其道无由。夫成功之道，昔贤昭示甚详：先姿势，次熟着，次懂劲。不佞屡言之矣，然尚未足以尽自修之能，兹再言其程序。一曰进功路径。姿势正确熟习之后，进而为应用着法之研用。传法必须切确与姿势相合，统手步身法而言之，不得有丝毫不得机势处，更须日常与相手施之实用，由着法之熟，自然进入于懂劲之域。然确须精熟，不得自欺欺人。精则玄妙自生，熟则成为习惯。有不知然而然，莫之致而至之效。惟无论研磨着劲，以一法一字入手，俟有成就，再续增多。此中贵一"少"字，以少则易用，多则难精，精一着一劲而名世者不乏也。二曰研究方法。着劲立有根基，则进步更易。昔贤宋远桥氏所传《用功五志》，堪为后学正轨。其文出于《礼记·中庸》，亦吾儒进德之宪则也。一、博学。初步贵少而精。既精矣，即宜广习万法，以资补益。古语所谓"他山之石可以攻玉"也。二、审问，学既能矣，更审其利弊，问其能否施之实用，是皆心的功夫，非以口问也。三、慎思。学而不思则罔，思而不学则殆，故思与学不可或离。然贵一"慎"字，非随其心之所之而思，乃根据真理与实验而思也。四、明辨。由学、问、思三者所得，辨正其是非与能否，而撷其精华，寻其捷径，不为邪说伪道所惑，斯之谓明。五、笃行。辨既明矣，则无丝毫阙疑，惟有笃实用功，奋勉力行，其进步之速，一日千里。《易》所谓"天行健，君子以自强不息也"。学者于博、审、慎、明、笃五字，加之意焉。三曰成功要诀。技击之术，最难得者窍要。既得其真，若间断为之，必无成就，故首贵勤而有恒。

勤则朝夕于斯，念兹在兹，即举一杯，置一笔，亦无时不本此意为之。恒则定为日常科目，犹饮食之不可或离。非仅用功如此，乃可进于神化之境，而身历此境者，其快愉不啻登仙。然亦有高自位置，以懂劲功深自标，不计真实有无所得，徒恃虚伪夸大以号召者，是自欺欺人之流，为研究学术者所不取。故载道之士，又贵一"实"字，上列三端，能笃信遵行，则其成功可立而待，然非所以望于浅尝辄止浮薄之士也。若徒知之而能言之，则徒知能言之士多矣，奚足取哉。

第六章　太极拳术语释义

第一节　虚领顶劲　气沉丹田

《太极拳经》语曰："虚领顶劲，气沉丹田。"亦有作须领者。顶劲，即头顶悬之意。劲，即人身之中气。虚领顶劲，言顶劲时，衣领之处要虚。又言虚虚领起顶劲也，如系重物于线，虚缓提起之意。若作须领，则言务须领会此顶劲之意。又有作虚灵者，盖即周身俱要轻灵之意，对实重笨滞而言也。顶劲上提，脊骨须正，头不倾斜，目平视，颏内含，头顶平，非故意做作，要出于自然。习顶劲者，每多用力用意。用力则项强，用意则作态，故顶劲必须虚领也。浅言之，头一用顶劲，则精神陡振，虚领之，则动作无滞，觉全身轻利。且头为一身之主，头正则身正，头用顶劲，振起精神，则全身之精神，无处不振矣。此为习太极拳入门须知，终身不易之要诀，凡一举动，必须如是也。"气沉丹田"之句，各家拳术多有之，太极拳尤重。气者，呼吸之气也。沉者，下沉也。丹田亦名气海，在人身脐下三寸。脐为人体之中，沉气于此，则身有所主，而不易动摇。惟不得如外家之努力逼气，须以意下沉。如水中微尘，自然下沉，而不加以压力也。久之精气日聚，身如山岳，全体之气，积于丹田，则沉着而效大，健身致用，两有余矣。按人体以三节分论，头居最上，要顶劲，主于虚。丹田居中，要沉气，主于实。脚居最下，为全体重量所寄托，在理应重而实轻。盖上下皆应轻灵，而居中之丹田独宜实也。是所谓"气沉丹田"，系指全体之气而言，沉字有集中之意。一般言气者，皆兼意而言，不专指呼吸之气。但仅言丹田以上之气，用意下沉。而于丹田以下之部分，若腿若脚，俱忽视之。夫丹田以上之气，固下沉于丹田矣，然则丹田以下之气，若再下沉，不将沉于两脚中否。就以往观察，不知丹田之功者，姿势太高，不能下势，飘浮若无根之草。知之者，观其动作，多痴重若牛，两脚着地，类以全力下踏，即移步亦极迟滞，岂非气沉两脚之明证欤？若衡以猫鹄之义，蛇雀之形，则瞠乎远矣。然则下部之气，将如何至于丹田乎？亦惟圆其裆，提其谷道，则气自上升，而腿脚轻灵。换言之，即丹田以下之气，用圆裆提肛之法，而上提于丹田也。于是乎上下皆轻，而重点全寄于丹田矣。此为"气沉丹田"之真义，亦即今之习太极拳者所急宜明悉而加意者也。

第二节 提吊裹护 含拔松沉

提者，顶劲上领之意。由百会提到会阴，脑后由后头以下项中两大节间下至长强。上下竖起，不可过，不可不及。过则顶硬项强，不及则向前塌倾，领不起全身，振不起精神，前节已详申其意。吊者，吊裆。裹者，裹裆也。裆要撑圆，要合往，无论何势法何步法皆如是，则下部轻而旋转无滞。故吊裆有提肛之意，裹裆为筑步下根基之要诀，护者、护臀也。臀部在外功拳法中多向外翻，因挟裆挺胸之故。太极拳则适相反，裆撑圆而臀自内收，谓之曰护臀。含者，含胸也。胸部挺出，可使肺部发育，已为运动生理学之定论。太极拳注重含胸，毋乃相反，而违生理？且每见有因是而佝偻其背者，状极难看。噫。此则误解拳经，而入歧途者也。含胸与挺胸，在生理上毫不差异。挺胸意在使肺部扩大，多吸养气。含胸则毫不着力，虚以受之，其容量或逾于挺胸。且所谓含者，含而不露之意。合口为含，如置食于口，合口则食不外露，即谓之含。盖即就口之原状合而闭之足矣。非将口再内凹之始谓含也。含胸之意亦然，即胸不外露足矣。乃学者佝偻以效橐驼何哉？拳经谓"立身须中正安舒"。又陈先师长兴，立身中正，人号"牌位"，夫岂有佝偻其腰而称中正者哉，抑岂有橐驼其背而号"牌位"者哉？则含胸意非佝偻，可晓然矣。拔者、拔背也。拔背云何？太极拳之气与劲。"其根在脚，发于腿，主宰于腰，形于手指"，又须"敛入脊骨"，拔背则主宰于腰者。由是集中，而过肩、过肘、形于手指，拔背则气劲能敛入脊骨。且拔背与含胸相对，胸若存含意，则背斯存拔意矣。"凡此皆是意"。非显见于外。有会心者，自可悟出。松者，松肩。沉者，沉肘也。松肩则肩膀之骨缝开，两臂转运，自然灵活。沉肘则劲内含，而引气达于丹田。否则气劲停于肩，停于肘，终不能至于手指，且现出硬滞不化种种弊病也。

第三节　中正与单重双重

《拳经》曰："尾闾中正神贯顶。"太极拳姿势，无一式不正，而主宰在于尾闾。人体上身，全赖脊骨支柱，故脊骨之在人身，犹栋梁之于屋宇也。以脊骨全部论，当背之部，要寓外拔之劲。脊骨下端，要中正不偏。通体要直上，与头顶之劲相贯通，则上身正直。故曰："立身须中正安舒。"凡在对敌时失败倒地者，皆因于身体不正，或俯，或仰，或偏，或倚，自己处于失败地位故也。按力学之例，"凡物立平面上，其重心不能出支撑面范围以外，否则不能维其独立"。是以支撑面愈广，则愈不易使重心出其范围。反之，若稍涉偏倚，则重心离出支撑面范围而致倾倒矣。故太极拳原则，系以防人为主，而重保持自护。能下势圆裆，则体积底面大，即支撑面广。能立身中正，则不涉偏倚，无倾倒之机会。于防人之能事已毕备矣，尚何虞有失败倒地之患乎。

"单重""双重"皆为太极拳之弊，然非相对之名词。世传不单重即为双重，不双重即为单重者误也。单重之弊，在于随。双重之弊，在于滞。何言乎尔？譬一手用力五十分，而他手毫无，此为上身本体自比之单重。如一足用力五十分，而他足毫无，是为下身本体自比之单重。此特手与足比，足与足较之单重耳。若以两手与两足比，如两手皆前，而两足独后，两足劲重，而两手劲轻，是则手与手比，足与足比为双重，而手与足比，则为单重，亦即全体上下相比之单重也。单重之弊，遇敌方相机而加以引力（如捋採带领闪脱诸劲），则顺之而败。故其弊曰随，深言其易被敌方利用，而随之取败，不复能自制也。

双重云者，若两手用劲与方向皆相同，两足用劲与方向皆相同，皆名双重。惟两手用劲与方向皆相同，为手之双重。两足用劲与方向皆相同，为足之双重。上已言之，若两手两足同时用劲与方向皆相同者，则为全体之双重。若右手与右足，或左手与左足，用劲与方向皆相同者，是乃右手与右足，或左手与左足之双重也。可名半体之双重。总之，有两手与两足之双重，有一手与一手之双重，又有一手与一足之双重。既成双重，则其弊为滞，而不能运化耳。骤视之，亦若甚有功行者，然实际应用，则不但不足以制人，以滞而不化之故，反为人所制，不败则已，败则不复可收拾矣。其弊较单重有过而无不及。

然则去双重之弊，其惟单重，不单重则双重矣，将如何而可？曰：昔者人多误解以单重、双重为相对名词，不入于此。即入于彼，故终身难得窍要，而所学终无是处。拳经云："欲避此病，须知阴阳，阴不离阳，阳不离阴，阴阳相济，方为懂劲。"以阴阳为喻，仍欠明显，然所包者大，无遗阙之憾。兹专以劲之刚柔配备解之，可执此例彼也。设两手之劲（此劲字借作力解），共一百分，左右手各得五十，分配甚均，则为双重。若将百分悉用于左手或右手，一有一无，则为单重。此言两手，而两足之理亦然。夫对敌应用之劲，既无需乎配备之平均，亦无用于极端相反之单重。以应用之时，变化万端，多无定向，而为动力。在自护方面，须积极免除为敌利用之机。在攻击方面，更须万分轻灵，以应敌之量变。即此二者，自护则须除单重之随，攻击则须革双重之滞。是以两手足备劲之分量与刚柔，每为二与八、三与七、四与六之比，如仍以百分为例，右手八十，左手二十，右足二十，左足八十，此为对敌时最平之配备，即成为一平方或立方物体，亦甚平均。而不倚重倚轻，且在动力，则变化易而运用无滞，既不单重，故虽刚而不至牵动全体，自无随沉之弊。有时或右手三十，左手七十；右足七十、左足三十，此则为运动自修时之用。如再变为六十与四十之比，则仅能自护，而不足发击。故最少不得下于此例，而最多不得至九与一之比，为亢龙之悔也。此为习技击者万全之道。在此各级比例中，大数为刚为阳，小数为柔为阴，其配备固皆平衡。然其中尤以八十与二十，七十与三十之比为最适中。而合于"阴不离阳，阳不离阴，阴中有阳，阳中有阴"之原理。其结果称之曰"阴阳相济"，与单重之有阳无阴、双重之阴阳相离迥然不同也。而此中窍要，一归诸实验，久之则无意皆意，不法皆法。惟初习者，必由规矩以求，则用力少而成功多。如茫无适从，率意为之，则焉足以及神明之域。然亦偶有以双重、单重而反获胜者，是属幸致，至不安全。亦犹枪法之单手出枪，为死中求生之险着，不可以为训也。总之，理固如斯，法非定例，神而明之，存乎其人。若胶柱鼓瑟，刻舟求剑，岂特一太极拳之不可成功哉！

第四节　着劲粘走

着，亦作招，方法之谓也。如用某法击敌，则称之曰某着或某招。不但太极拳有此术语，其流行甚普遍也。在一般拳法，多称某着为某手者，是又易晓而不烦解释矣。太极拳之各式，所含应敌方法，计分打穴、擒拿、卸骨、击、发等数部。而其要不外攻防两法，用一

"着"字可以概括之。打穴之着，松溪征南有其传，择要言之：杨家姿势之海底针、搬拦捶、双风贯耳、白蛇吐信、探马锁喉；陈家沟姿势之演手肱拳、猿猴献果、指裆捶；宋家姿势之各种搬拦、海底针珠、指点捶等等皆是。而此外各势以穴为目标者，为数甚夥。考其致命之点，而绝对不可打者，计有八处：一曰头顶，二曰两耳，三曰咽喉，四曰中脘，五曰两肋、乳下，六曰前阴，七曰内肾，八曰尾闾。以上不尽以穴指明，而显言其部位，俾吾人注意易知，而不敢轻试也。其余能致命之处，部位尚多，偶一失手，即不免适逢其会，而制人于死。是以至今而穴法不传，正恐人知之而生意外也。先贤王征南氏所传死穴、晕穴、哑穴、咳穴，吾师纪子修先生每试之，而不敢施于人。若少林穴法之传，其着虽甚效，然若以大指点涌泉（在足心）而论，其使用甚不易。即对方长卧若豕，试问以近人习技之功，能否一点其涌泉而毙命？非仅不易，实不能也。至于练习点穴之法，其说颇杂，不佞未尝试焉，弗敢具论。次言擒拿，杨氏姿势手挥琵琶、高探马、撇身捶、肘底看捶、擒拿法也。陈氏姿势更标小擒拿之目，此法则别有传焉。其擒拿之部位，约有六：曰头、曰腕、曰拳、曰掌、曰肘、曰腿。其法则以至微之小力，擒制敌之一部分，使失却抵抗能力，甚至疼痛难当，筋断骨折焉。少林拳法有三十六擒拿、三十六解法，知者甚多，惟偏于以力服人。东倭有所谓神拳护身术者，可称科学化之擒拿法，然皆未若太极拳之合理而奥妙。习者应以之作参证也。卸骨之术，专研骨骼结构者优为之，甚非奇异。故习太极拳必明生理解剖学。吾国乡间，有接骨之医，手术驾西医而上之，类多世传，不轻以授人。北方之理发师，能于最短时间内，将人之全身接榫之骨卸开，而复接归原状，被卸者毫不觉苦。太极拳施用挫劲以卸骨，有时被卸者亦毫无异觉。此则以部位之准确，及手术之灵敏与否为断，非贸然事也。

击法，在太极拳中主刚硬，以全力为之，非仅臂力。推手术乃友谊之研究，所击之部分，在前为两肩窝，或推或击。上为两下臂，居肘腕之间，下为两大腿，击之摇动敌志。后为两胛骨之中颈项之下，每用捋太过从后击之。以上所指，皆击之而不致伤害，故经常习用之。此外部位，如眉间、耳根、咽喉、中脘、期门、海底、尾闾、腰肾八部，击之虽轻，亦易致伤生命，慎之慎之。至于折指、剪腕、创肘、蹴胫、踢踝，以及趾踏脚指脚背，皆足以伤坏四肢，虽不至有生命之虞，然局部之创痛颇重也。上所历述，皆指被击之部位概略分析。若击敌之着，则拳、掌、指、腕、肘、胯、膝、脚，百骸俱动，全师而旋，就拳式以分之，不可以数计也。

发人之法，旨在将敌掷发远倒。其主要意义，即于最短最速之时间，移敌重心于其体外，而致敌于仆倒也。初学发人，于推手法中求之，以双方技力相等，每劳而无功。而稍明太极拳原理者，决不以笨力相抗，授人以发掷机会，故多废然而返，改习击法。是因指导者，误以发掷归于懂劲，击打认为用着，自误误人所致。遂使学者以着易用而致力，劲难懂而不敢问津也。应知发人之法，拳式中占四分之三，皆固定之着，惟较击法更进一层。击法止于着敌身，击中而已，发法则着敌之后，以能否倒敌为前提。故发人之着有相当程度者，击法自早成功矣。是以学者欲蕲拳法之成就，必须致力于发掷，但不必由尚无意识之推手中苦求。宜先习熟拳式中发人之着，以着能发人。然后更进于推手时，利用来劲，揣摩掷发之机，以进入懂劲之域。太极拳着字之意义，大略如上所述耳。

"劲"字，为习太极拳者之口头禅。曰懂劲，曰用劲，与各种拳法以劲字作力解者为意不同。惟今人空言劲者居多，真懂劲而能用劲者少，甚至能指明研究之路径者亦少也。吾人应知劲之表现，在实用而不在空谈。为义已详他篇，兹不复述。

"粘""走"二字，见于王宗岳先生《太极拳论》中。原文云："人刚我柔谓之走，我顺人背谓之粘。"又云："粘即是走，走即是粘。"其义本极明显，惟不可以"刚柔顺背"四字分析解释，以字义解则死滞。拳法瞬息万变，其中常有一"活"字，故有可意会不可言传之妙。按人用刚而我用柔，是拳法原理，亦对敌时一种应用也。虽着势千变万化，凡此场合，皆名之曰走。走者，化也。变化敌之刚劲，使不得加诸吾身，所谓以柔克刚也。因人刚我柔之原理应用，每使我顺而人背，即我得势而人不得势。至此境界，皆名之曰粘。粘者，制也。我顺人背，则可制人，而不制于人也。对敌之时，化为制因，制为化果，化即制，制即化，因果相生，循环不已，无毫厘之间隔。盖人用刚我用柔，可使人不顺而我顺。人至不顺时，每仍用刚劲抵抗，我复以柔克之，则又至我顺人背之境界。不能尽化而不制，不能常制而不化。故《拳经续》云："阴不离阳，阳不离阴，阴阳相济，方为懂劲。"若用走法而不能济以粘，其病也必至偏沉，此之谓随。若用粘法而不能济以走，其弊也必为双重，此之谓滞。是以随滞之弊，皆因于粘走不能相生，为进功之大碍，无成效之可期，明乎此思过半矣。

第五节 开合鼓荡匾抗丢顶粘连黏随

开合，为太极拳劲之根本，包括甚多。凡进退、上下、前后、左右、阴阳、刚柔、虚实皆相对名词。在应用亦相对联用。有上即有下，无往而不复。言其象则如圜无端，论其用则所谓开合劲也。以太极拳之妙，专利用往复无端之法以致胜。开合劲为各劲之基，必熟练，始能熟用。以阳刚化人谓之开，以阴柔自守谓之合，即物理学分力合力之理也。鼓荡者，言气之作用。身体各部运动，内脏亦随之而动。惟使之动者，纯以气压迫伸缩而鼓荡之耳。此中窍要，在一"定"字，是以开合鼓荡，皆就练习姿势用功而言。习之既熟，乃能致用。匾、抗、丢、顶，指平时练习推手及与敌打手而言。凡与人搭手，用劲过柔，失掤劲当先之原则，不能掤圆，必被人刚力压匾。用粘劲如失其中定之主宰，以致过刚过进，出自身范围，则成为以力硬抗之现象。两者俱不得刚柔之中，为太极拳所大忌。与人靠手，人手已离走而我不知，此之谓丢。人手以刚力进击，我无柔化以应之，反拒之以刚，若角抵然，此之谓顶。在推手术中，最重感觉灵敏，微动即知，运四两以拨千斤。故匾抗丢顶，是所大忌也。粘连黏随，所以救济丢顶之弊。粘以制人，须连续无丝毫间断；粘以随人，使人无自动之能，则量敌而进，虑胜而会，其权操之于我。自习时如此，对敌时亦如此，诚为克敌制胜之金科玉律。然必见诸实习，非口头禅也。

第六节 实地应用各名词

接手：指与敌人用着法作战之第一手而言。不限于使用任何着法，与搭手靠手均异。以搭靠多指友谊的研究，通用之于推手术中，在他种拳法，即泛指交手。而太极拳之接手，则专指对敌。若对敌而用搭手靠手，从容待敌，未有不失败者。是以接手必知机应变，来去神速，能接手得机，无往不利矣。

相手：凡与吾作友谊研究，彼此以着劲实地试验，以求增进功行者，彼此互称相手，盖同心若金，攻错若石，相辅相助之意也。

拗手：右手与敌右手相接，或左手与敌左手相接，名曰拗手。

顺手：右手与敌左手相接，或左手与敌右手相接，名曰顺手。

背劲：敌力来时，吾由中途分截，使不能直达吾身，谓之背劲。

顺劲：顺敌力方向引之，使其落空，而不以刚劲抗之，谓之顺劲。

问劲：不知敌动力之趋向，佯攻诈诱，使之明显发觉，藉以明了其企图，或预拟路线而压迫引诱，使之入吾计划中而惩创之。此等攻诱压迫，谓之问劲。非以口问，系以心意感觉支配动作而问之也。

听劲：以感觉触觉灵敏，察知敌之动力，而了解其企图，藉以立时定攻防方法而制伏之，谓之听劲。非以耳之听觉为也。

圈内：两臂范围以内，指胸腹等部而言，谓之圈内。

圈外：两臂范围以外，谓之圈外。

吃里：吾手进入敌之圈内，谓之吃里。

吃外：吾手进至敌之圈外，谓之吃外。

杀手：用极毒之着，制敌死命，谓之杀手。

上下手：平时友谊研究，攻者为上手，防者为下手。

吞吐：用身法吸入敌之来手曰吞，发放曰吐。

粘走劲：制人曰粘劲，以吾手着于敌身，如胶着物，亦曰粘劲。有名黏劲者，将敌劲化走，谓之走劲，亦称化劲（按粘黏通用，惟拳中有别）。

缠丝劲：陈氏拳谱讲此劲最详。无论手足收放，均用缠丝劲。缠绕而出，缠绕而回，纯系内劲，不显于外。一说即抽丝劲。"运劲如抽丝"，一恐其断，一恐其抽不出，用劲要缓而均也。

合劲：将敌身全力收敛而紧聚之，使不得伸，谓之合劲。

定劲：将敌身上提或擓採，使其重点移动，脚根离地，此时毫无所施其技，摇晃不自主，谓之定劲。实时而施击发也。

补手：亦曰补劲。用一着一劲犹不足以制敌，乘机继用之方法，谓之补手。

下编

第一章　太极拳路姿势图说

（1）预备式

拳式开始。为振作精神，必须预备，太极拳以知觉、感觉、触觉炼神，由开合、鼓荡、呼吸炼气。最重联贯。提神换气，预备一式所关甚要。尤以轻灵无滞，逗自然之状态，为此中三昧。其式由立正式左足向左分开，两足距离与肩之宽等，足尖向前，两足平行；身体直立，两臂微松、下垂，手心向下，指尖向前；颏微内合，头正，顶悬，目向前平视。凝神静气，停立片时。（如图）

即此练习呼吸，其法由鼻孔吸气。松胸收腹，两手由左右内抱至丹田，手心向上，指尖相对，徐徐随吸气上提，至胸膈间，吸至胸内气满，不可再容之际，即呼气。呼时用意鼓腹，不可努力，气由鼻孔出。两手下翻，手心向下，指尖相对，徐徐随呼气下按至丹田。其要在呼吸之时，手与呼吸之动作，须内外一致，升降匀缓。勿急遽，勿间断。久之，手之按提，气亦随之，即鼓荡之意也。

预备式图

（2）揽雀尾式

许师云："取两手持雀头尾，而随其旋转上下之意。一名揽切尾，拟敌人之臂为雀尾，揽之以缓其前进之力，即乘势前切以掷之也。二说均可。"

谨按：揽切尾，又名揽扎衣、懒擦衣，或曰拦切尾。盖系方言不同之转音。惟揽扎衣之名词，不仅太极拳有之，通臂长拳开式亦名揽扎衣。其歌诀云："懒扎衣出门架子，变下势霎步单鞭。对敌若无胆向先，空自眼明手便。"明清两代，其传甚盛。此懒扎衣式，为少林之法，《纪效新书》《武备志》所采辑者是也。太极拳揽雀尾式，动作有六，初习者以其繁难，仅分揽、切二动作。习熟后，再增为提、挤、捋、按、掤、切六动。分述如下。

（一）开步提手：由预备式左足向前踏出一步，足踵着地，同时屈右膝蹲身；左掌自左胯侧，由外向内作圈，弯转前升而上，曲肱平横于胸前，掌心向内，指尖向右，右手亦同时翻转内合。垂肘，抚按于左腕内侧，指尖向上；上体正直向前，左腿屈膝，右腿蹬直，成左弓箭步。（如图一）

揽雀尾式图一

（二）进步冲挤：由前式左足尖向左转约六十度，右步向右前方迈进半步，同时上身随向右转；右臂曲肱垂肘前挤，掌心向内，指尖向上，左手抚按于右肱内侧以助势；右腿屈膝，左腿蹬直，成右弓箭步。或以两手参差皆向右按，系用合劲，与此可互为参考。（如图二）

（三）坐步捋揽：屈左腿，身后坐，并略向左转；两手向左后方下捋，右手略扬，掌心向外，左手略低，掌心向上，如揽物然。

揽雀尾式图二

（四）进身按手：手约捋至左胯间，即变双手进身前按，或平曲右肱，左手抚之，进身前挤。

（五）外挂前掤：右手上仰前掤，复向外挂，左手随之，作一平圆；左腿屈膝，身随后坐。

（六）推切手：两手旋转向内，至右手心转向下时，即进身向前推切，左手在右肘弯处，参差向同一方向前推；仍为右弓箭步。

57

本式动作，成双环形，身手务须一致，运动腹、腰、肩、背各部。

（3）单鞭式

许师云："单者，单手之意。鞭者，如鞭之击人也。单式练习时，亦可改为双手，同时向左右分击，名双鞭式。"

谨按：单鞭式，亦有名为单变者，意谓以单手变化敌人之力而制之也。或曰丹变，指丹田中气之转变而言。其说尚通，特不普遍，姑存之。本式动作有二，分述如下。

（一）垂腕拢指：由前式右足尖向左转九十度；右臂由上而下，在面前作一圆圈，复至原处，即垂腕，五指拢撮如钓钩，左手随之至右肩，作护肩掌式；同时身随左转，右膝微屈，左足微敛，足尖点地；目视右方，全身重点暂寄右足。

单鞭式图

（二）伸臂放掌：右手不动，左掌经胸前作上弧形，向左伸出；同时左足向左前方踏出半步，与右足成斜平行方式，屈左膝成左弓箭步，全身重点移于左足；正身，松肩，沉左肘，左手食指约对鼻端；目前视。（如图）

此式由右手撮钩起，将右臂之劲以意导引，经右肘、右肩、脊背、左肩、左肘，而达于左掌心。平铺全掌，沉着吐力，为四肢及背部之运动。左手用鞭劲，或用推、按、捯、切诸劲均可，惟须注意两肩平松，用通背劲也。

（4）提手上式

许师云："提者，劲名。若提物向上也。一名上提手。"

谨按：提手、原分上下两式，今之练者，多用上式。此之为名，即示与下提手式固有别也，动作有二，分述如下。

（一）合手：由前式右足向左前方进至两足距离之中点，同时身向右转；两手内抱，如琵琶式，右前左后（如图一）。但右臂内抱时，有两种练法，一为由上而下，一为由下而上。

提手上式图一

（二）上提手：右腿前弓，左腿蹬直；同时右手向前下插，复垂腕由左臂内掏出上提，左掌下按；左足向前与右足并齐，两足距离与肩宽等；上体正直，右手提至眉间而止。（如图二）

练习此式，要在顶劲上提，腰腿随之上下，以练习脊骨之伸缩力，且可使肩、肘、腕、膝诸关节之运动灵活。

提手上式图二

（5）白鹤亮翅式

许师云："此式分展两臂，斜开作鸟翼形。两手两足，皆一上一下，一伸一屈，如鹤之展翅，故名。华陀五禽经之鸟形，婆罗门导引术第四式之鹤举、第十二式之凤凰展翅，闽之鹤拳，均取此意也。习太极拳者练此势时，有斜展、正展之别，实则一为展翅（斜），一为亮翅（正），可连续为之。"

谨按：白鹤亮翅式，又名白鹅亮翅式。或有称展翅为凤凰单展翅，亮翅为凤凰双展翅者，名异而实同也。动作有二，分述如下。

（一）展臂：由前式左足向左斜出一步，足尖点地，蹲右腿，成丁虚步，身随半面向左转；同时左掌斜下外搂，右手经面前上展至脑右方，手背向外，两掌心相应，全身重点寄于右足。（如图一）

白鹤亮翅式图一

（二）双举手：收左足，与右足并齐，两足距离等于肩宽，身体仍向右转正；同时两手曲肱上举，至头与两臂恰如山字而止，掌心俱向前而略上仰。（如图二）

此式两臂动作须以背心为枢纽，练习胸、背、两胁之伸缩力。开合自然。斯为正宗。

白鹤亮翅式图二

（6）**左右搂膝拗步式**

许师云："搂膝者，即以手下搂膝盖之意。拗步者，步名也。拳术家以进左足伸左手、进右足伸右手谓之顺步。反是，如出左足伸右手、出右足伸左手谓之拗步。"

动作有六，分述如下。

（一）原地搂膝：由前式，虚右足，屈左膝，身下蹲；左掌护右肩，右手下搂右膝，或作右白鹤展翅式亦可。

（二）左搂膝拗步：身向左转，上左步，前弓；同时左手由右肩起，顺势下搂，过右胯，经左膝外而按于左胯侧，指尖向前，右手亦同时由右下方宛转上举，屈肘平肱经右耳侧，向前直伸，至于极处，指尖翘起，掌心吐力。（如图一）

搂膝拗步式图一

（三）抱手：左步微敛，屈右膝，身后坐，全身重点移于右足，如丁虚步；右手回撤，同时左手顺左胯而上，双手内抱，左前右后，参差若抱球状，两肘微垂，左手食指约对鼻准，右手当胸，掌心约对左肘弯处。（如图二）

搂膝拗步式图二

（四）左搂膝拗步：再开左步；左手搂膝，右手前伸。动作同前。（如图三）

搂膝拗步式图三

61

（五）右搂膝拗步：上右步；右手搂膝，左掌前伸。左右互易，动作相同。（如图四）

搂膝拗步式图四

（六）左搂膝拗步：再上左步，左手搂膝，右掌前伸，仍同前式。（如图五）

搂膝拗步式图五

谨按：此式练习次数，所传略异，除上述练法外，有仅练三式，一、三为左式，二为右式，中间不夹抱手式者。尚有即以原地搂膝为右式，而仅练一左式者，要皆以左式为殿，以便变式耳。惟纪子修先师，则以原地搂膝作右白鹤展翅式，尤其有卓见，更觉完备，应并存之。习者不可不知也。

此式两手运行路线，皆成椭圆，两臂动作，须以腰力运之。除练习两臂、腰、膝之伸缩力外，尤以运动脊柱各椎骨为主。而脊骨之两旁为交感神经，脊骨之内有脊髓神经，常事运动，则可促神经系统之新陈代谢，使营养佳良，神经细胞纤维增多加大，精神兴奋，感觉锐敏，脑部神经亦以之而活泼，聪明智慧日进。而交感神经中枢器官，及所司各机能，自必健全。肾脏尿量增大，排泄适宜，自无腰痛及肾脏诸疾矣。

（7）手挥琵琶式

许师云："两手相抱，如抱琵琶状，故名。手挥者，两手动摇，如以指抚弦者然。"动作有六，分述如下。

（一）抱手：与搂膝拗步中第三动作之抱手式同。（如图）

（二）挥手外揉：由原式再向后坐势。上身向右平转，以腰为枢纽；同时两手随向右挥抚，手心向外，手指向上。

但此式两手运行路线，原有三种练法，或为平圆，或为顺势立圆（由上而下），或为逆势立圆（由下而上）均可。

（三）并步前推：并右足至左足后；同时两手由外向前推按，左手略高，与肩齐，右手当胸，手心皆向前吐力；两肘下垂，臂微屈，身勿前倾。

（四）抱手：同前。

（五）挥手里揉：由抱手式向前进身，再略向左平转，复后坐，以腰为枢纽；同时两手随向左挥抚，作一平圆；复转回如原式，惟左手心转向上，右手心向下。

（六）并步前推：并右足，至左足后；两手不动，惟两臂随身步之势，略向前伸，右指尖翘起，掌心向前吐力。

练习此式，重在揉推。或里或外，或平或立，或逆或顺，两手之运行，悉为圜形。要在能运用腰脊之力，注于掌心，以增进回旋柔化之劲。抱手式本为太极拳之站桩势，固当特加注意。然有仅练一抱手式，而即以之代表整个之手挥琵琶式，竟将揉、推诸动作阙而不练者，似太简略也。

手挥琵琶式图

（8）进步搬拦捶式

许师云："搬拦捶者，即用手搬开敌人手而拦阻之，复用拳迎击之称。南人名拳为捶，此为太极拳五捶之一。进步搬拦捶者，与后之上步搬拦捶、卸步搬拦捶之对称也。"

谨按：搬拦捶有名之为演手捶者，意或谓以一手敷衍敌手，而以拳击之也。又名掩手捶，即谓先以手掩蔽敌之注意，而以拳击之也，然掩手捶仅为搬拦捶之一着，似不能概括名之。

动作有三，分述如下。

（一）里搬手：由前式右足向右前方斜开半步，右手作拳，左手扬掌；左足前进一步，同时左手内搬，右拳后撤，虎口向外；屈右腿，虚左足，身略后坐，全身重点寄于右足。（如图一）

进步搬拦捶式图一

（二）外拦手：至右拳撤至腰际，虎口向上，蓄劲待发时，左手即向外拦。

（三）前击捶：当左手外拦时，即进身，右拳向前直击；左膝前弓，右腿蹬直，成左弓箭步，全身重点移于左足。（如图二）

此式动作，搬拦与击捶多属同时，然以姿势说明之方便起见，不得不分述之耳。尤以搬劲明显，而拦劲暗藏，致一般练者，多仅一搬一击，将拦字无形遗失，且有不知拦在何处者，此实不可不注意也。练时，须含胸松肩，腰身手足动作均须一致。前击捶时，务须正身正胯，用脊

进步搬拦捶式图二

骨力，切忌探身前倾，徒用腰力，而失重心。运动方面，重在肩背，其目的在于发育此处各筋肉及肩胛关节运动灵活，上体左右旋转，可使脊柱旋屈自由，且保正脊柱，而促进消化循环、排泄等作用焉。

（9）如封似闭式

许师云："封闭者，即格拦敌手之意。与岳氏八翻手拳之双推手、形意拳之虎形相同。"

谨按：封者，逢迎以自固；闭者，前进以逼敌，象开合之势也。有称为推山手者，盖第就其形式度之耳。又称六封四闭式，则并示开合用劲之配备也。

动作有三，分述如下。

（一）十字搭手：由前式左手不动。屈右腿，身后坐，左腿坡直（进一步亦可）；同时右拳向左作一小平圆，收回于左腕之上，两臂相交如十字。

（二）双分手：右拳沿左肘弯内变掌撤回，两手随即分开，指尖向上，掌心向内，含胸垂肘，屈回于肩前，两手距离等于肩宽。

（三）前推手：双手内合，外转前推，指尖向上，掌心吐力，两肘仍垂；同时抬左足，再略前进，左腿前屈，右腿蹬直，成左弓箭步。（如图）

如封似闭式图

此式动作，为单纯之开合。太极拳真义，不外一开一合，即一阴一阳，两仪是也。每式动作，均有若干小部分，自成一小开合。集各小动作，以成一式，即为一大开合。全部姿势，合成一总开合。故于单式练习，首须明呼吸导引大意，而由开合入手焉。此式名为封闭，纯系象形，一蓄一发，一开一合，由脚而腿而腰，以达内劲于手指。腹松气沉，阴阳相济，肩松肘沉，切忌旁开，致劲分散。撤拳时后坐，分手时进身，前推时上体正直，不可前倾。搭腕即须分开，分开即须前推，勿稍停滞，致劲间断。本此练习，庶不致误。在运动方面，同时练四肢之筋肉关节，并连带练腰部诸筋，可愈内肾各病，堪称平均运动也。

（10）十字手式

许师云："十字手者，两手腕交叉相搭，状如十字，故名。凡两式相连，转折不便者，均可加十字手，以资衔接。"

动作有三，分述如下。

（一）十字搭手：由前式身体不动；左右手内转，右腕交叉于左腕之下。

（二）两臂分展：左右足俱向右转九十度，全身正面向右转，右步平开；同时两臂分向左右开展；身下蹲，作乘骑步；目向前平视。

（三）十字手：两臂向内弯抱至胸前，或上举交叉于头顶上，左臂在内，右臂在外；同时左足向右收回，步之间隔，与肩之宽度等，身体直立。（如图）

十字手式图

由如封似闭接练此式，应手、步平行旁开上举，搭两腕于胸前交叉，不稍停顿，即接练下式。然一般练者，多由上式蹲身并步，两手下抱，以代此式。甚有因之而名此式为抱虎式者，与名如封似闭式为推山式者同一谬误，此式在运动方面，练腰、腿、两臂之屈伸，以增进腰、臂之横力。

（11）抱虎归山式

许师云："抱虎归山者，拟敌为虎，抱而掷之也。又名抱虎推山。当抱敌时，敌思逃遁，即乘势用手前推也。两说均是。学者于此式，多不注意,或有以如封似闭代之者。盖此式与后式揽雀尾,连络一气,最易混淆之故。"

谨按:抱虎归山,又名抱头推山。上接十字手,下连揽雀尾,而习者不察,有将前动混于十字手或如封似闭者,有将后动混于揽雀尾者,有竟以如封似闭或十字手代之者,有仅以一搂膝拗步代之者,迷离混淆,真正之抱虎归山式,反遍觅不得。学者应注意也。

动作有五,分述如下。

(一)右搂膝左横击掌:由前式右手向下搂膝,左手由胸前下按,将至左胯,外转而上,画一半圆,平伸左臂,向右横击;同时左步后撤半步。

(二)左搂膝右横击掌:左手向下搂膝,右手外转而上,画一半圆,平伸右臂,向左横击;同时敛右步,至与左足相并,足尖着地,左腿微屈。

(三)转身右搂膝拗步:右手下搂右膝,左手外转而上,至左耳侧;同时身向右斜后方转约

抱虎归山式图

一百三十五度,开右步;左掌前伸。为右搂膝拗步式。(如图)

(四)内抱:左手暂不动,右手向后伸,以肩为中心,臂为圆圈之半径,从下后方翻转向上,至前方作大圆圈下抱;至手肘与肩平时,即屈左腿,身后坐,上身微向左转,作坐身抱撅式。

(五)前推:屈右肱,两腕相搭如十字形,随即双手分向前推,右手略前,左手略后;同时屈右膝,左腿蹬直,仍作右弓箭步桩。

此式两臂运动,亦成双圆,以脊椎、胸椎为枢纽。身手与步,务须一致,内抱时,尤须用腰力。前推时,臂宜微屈,掌心吐力。以腰身运动肩背,可促血液之循环,更可强健肾脏。

（12）揽雀尾式（见前）

（13）斜单鞭式

许师云："斜者，指方位而言。前抱虎归山式，系斜方位，此依前式方向，故名斜单鞭式。"

谨按： 太极拳以"不偏不倚""中正安舒"为原则，此称斜单鞭，及后之斜飞式，均运动之方向为斜隅，而非姿势动作之倾斜也。

动作与单鞭式同。（如图）

斜单鞭式图

（14）肘底看捶式

许师云："立肘时，肘之下曰肘底，看者，看守之意。一名肘下捶。"

谨按： 肘底看捶，又称叶底藏花。拟左臂如叶，右拳如花，而居其下，故名。与岳氏八翻手第四路之姿势动作虽不同，而意义则一也。

动作有二，分述如下。

（一）移步领手：由前斜单鞭式，左掌变钩，右手变掌；左足尖向左转，约四十五度，同时右腿随上身之半面向左转，移成正方向之左弓箭步，或移至两足平行，成正方向之乘骑步；两臂随亦平旋，分向左右平伸。

（二）上托手肘下捶：左足略收，足跟着地，复进至两足距离之中分处，右腿微屈，成丁虚步；同时左手作掌（或作拳亦可，惟意义则不同），由外向内作圈，顺胯而上，至胸前上举，约与眼平，略外转上托，右手作拳，由外向内，经过胸部，置左肘下；全身重点，寄于右足。（如图）

此式用三角步法，右臂运行之路线，成一半圆形。左臂在左方，画一斜立圆形。出拳时，耸身向前，肩松肘垂，态度自然，毋稍停滞。尤须注意外三合

（即肩与胯合、肘与膝合、手与足合），以运动肩、肘、腕、膝各关节为主。而胸部一开一合，练习深呼吸尤宜。

肘底看捶式图

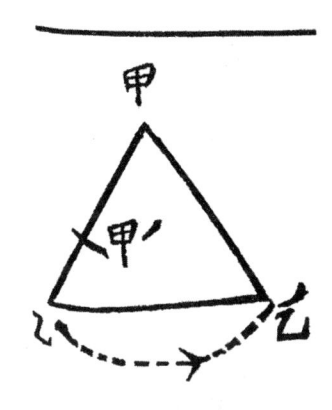

肘底看捶步法图

（15）倒撵猴式

许师云："倒撵猴者，因猴遇人即前扑，先以手引之。乘其前扑，一方撒手，一方以手按其头顶之意。一名倒赶后，即向后倒退，引敌赶来，随以手乘势袭击之意。"

谨按：倒撵猴，或作倒辇猴，亦名倒捻肱。言用倒退之步，而肱之运行内含捻劲也。又名倒卷红，或称珍珠倒卷帘。均不外象其形以会其意耳。普通演练，多为三动。分述如下。

（一）退左步伸掌：由前式右足不动，左步后退；同时右手下搂至右胯侧，掌心向上，左掌顺耳边前伸，掌心吐力，与右搂膝拗步之姿势同。（如图一）

倒撵猴式图一

（二）退右步伸掌：左足不动，右步后退；同时左手下搂，至左胯侧，掌心向上，右掌由后翻转向上，顺耳边前伸，掌心吐力，与左搂膝拗步之姿势同。（如图二）

倒撵猴式图二

（三）退左步伸掌：与图一动作同。（如图三）

倒撵猴式图三

此式动作，不限三数，或五或七，均无不可。惟须单数，使右步在前，以便接练下式。

此式与搂膝拗步式之姿势悉同，而进退适反。彼系上步，此则倒步。搂下之手，位置亦同，惟彼为按劲，而此则採引诸劲耳。初习者，或练顺步，虽较拗步为易，而求上功应用，则逊远矣。即练拗步，亦有先撤半步，稍停再后退者，于应用上，尚有可取，然亦难免偷巧息腿，不易上功之弊。是故后退之步，必须一步退至恰当之处，是为最当。身体正直，最忌前倾、塌腰坐势，轻灵松静，头顶悬，脊骨提，以运动督脉（十二神经），所得功效与搂膝拗步式同。

（16）斜飞式

许师云："此式如鸟之斜展两翼而飞，故名。有左右两式。但练左式，初习者每易断劲，不如右式之顺也。"

动作有二，分述如下。

（一）搭腕：由前式左手暂不动，右手由后翻转向前，画一圆圈，向左腕下落，约将至左腕时，左手从右腕上挽过，使两掌心相对；同时撤回右步于左足侧。

（二）斜飞：左足尖向右转，右步复向右后斜方踏出一步，同时身随右转；右手向右上方，左手斜向下方分展；目注右腕；右腿前弓，左腿后直，全身重点寄于右足。（如图）

斜飞式图

上系右式。若练左式，则于倒撵猴练至右腿在前时，并左步于右足侧。右手由后翻转向前，右腕在左腕之上，掌心相对。再向左前方进左步，前弓，左手斜向左上方，右手斜向右下方分展，目注左腕，而成左斜飞式。有为坚固根基，重视练腕。而左右两式俱练者，则先练左式，再将左步并回于右足侧，继向右斜后方转身，开右步，而成右斜飞式；或于左式后，左步不动，将右步并回，随身之后转而复开，以免换劲，亦可。总之，此式以左右俱练为善，然须力求劲之绵密不断，转换轻灵。手足之动作，悉以腰身带领，尤重运劲于腕，盖本拳法以腕劲为主者。自提手上式后，当推此式。在运动方面，非特练习肩、背、腰、脊之伸缩，即臂力、腕力之增进，亦可不期而至也。

（17）提手上式（由前式右步收回，成正方向）

（18）白鹤亮翅式（见前）

（19）搂膝拗步式（仅练原地搂膝、左搂膝拗步及抱手三动，即接下式）

（20）海底针式

许师云："海底者，人体之穴名，海底针，即手向海底点刺之意。"

动作有二，分述如下。

（一）提步搂手：由前式收左足，足尖点地；同时左手搂膝，或作护肩掌，置于右肩之前，右手稍后撤。

（二）海底针刺：右腿下屈，坐身，右臂向前直指，至尽处，向下直伸，指尖下指，或即沿左膝内向下直伸；此时左手或拊右肱，或沿胯后撤，或仍作护肩掌，均可。（如图）

海底针式图

此式右手运行路线，或由外而下，或由内而下，均须注意运点刺之劲于指端。头正而不低俯，身坐而不倾屈，可练习脊骨与膝之伸缩力。

（21）扇通背式

许师云："扇通背者，拟脊椎骨为扇轴，两臂为扇辐，如扇之分张状，通背者，使脊背之力，通于两臂之谓也。"

谨按：扇通背，或作扇通臂，又有山通臂、三通背、闪通背、闪同碑等之异称。盖口传者方言不同故也。

动作有二，分述如下。

（一）立身合腕：由前式立身，两腕相合，右臂蓄上挑劲，左掌蓄前推劲，松肩沉肘，以通脊力。

（二）通背掌：右足不动，左足前进一步，足尖向前，成丁八步；同时左臂向前直伸，指尖向上，掌心吐力，右臂上举，手背覆额。（如图）

太极拳法，导引内劲之式，单鞭与此式为义相同。单鞭式系使右臂之劲达于左掌，以意默运之。此式亦系使右臂通于左掌，并先将脊背之力运于两臂，而后再运于左掌也。练此式亦有运开弓劲者，要以舒顺为原则。运劲时，左掌心之力，与左肋骨相应，作向前之势。发劲时，头须顶劲，下颔内含。在运动方面，系练腿力及肩背之力。

扇通背式图

（22）别身捶式

许师云："别身捶者，腰部后别，使身折叠，复用捶进击之谓，此为太极拳五捶之一。"

谨按：别身捶，一作撇身捶、披身捶、庇身捶，或称背折靠。

动作有二，分述如下。

（一）肋下交叉手：由前式右臂下落，左手略回撤；身向左转，屈左腿，前弓；左手与右腕相搭，交叉于左肋下；全身重点寄于左足；目视右肘。

（二）别身捶：左手暂不动，右手作拳；右足向右移半步，身随右转；右肘浮依右肋，别身，右拳反背由上落下，与肘平，左手随右腕转过后，即当胸作掌，略前伸，指尖向上或向前；目前视，步为弓箭步，为丁八步。（如图）

别身捶式图

73

此式要点，重在别身。别身之时，运平圆劲。不凭步之变化，惟恃腰为转折。练此式者，每仅压推两动作，而不注意别身之义。诚能彻底明悉其作用。依式练习，手腿之动作，以腰脊为枢纽，专练腰力，增长横劲。行之既久，自可臻于轻灵活泼便利从心之境也。

（23）卸步搬拦捶式

许师云："搬拦捶，已说明于前。卸步者，将步向旁挪移，与退步之向后退者不同。"

动作有二，分述如下。

（一）里搬手：由前式左足不动，右足向右后方斜卸半步；左手内搬，右拳随之后撤；屈右腿，身后坐。（如图一）

卸步搬拦捶式图一

（二）前击捶：身向前进，右拳前击；屈左腿，成弓箭步；左手横附于右肘弯处，与前进步搬拦捶式同。（如图二）

卸步搬拦捶式图二

搬拦捶，原有搬有拦，有搬拦有拦搬，有上中下左右进退，而此式实只用搬而不用拦。习者多有误卸步为退步者，有与前搬拦捶相同者，有练作上步者，均应订正，在运动方面与前之搬拦捶式同。惟尤重腰力，不仅灵活肩、胯也。

（24）进步穿手式

近之传者，多轶此式，惟纪子修先师独存之，习者苟能悉其作用，详加体验，自可领会其于卸步搬拦捶后接练此式之为必要也。述其动作如下。

由前式并右步于左足后，左足复前进一步；同时左手由右腕下向前直穿，右手约在左肘弯处，两手指尖俱向前，手心向下，成顺步。

此式上济搬拦捶之不足，下接揽雀尾之冲挤，绵密周详，体简而用备。练时，头用顶劲，步要轻灵，运腰劲于两臂，贯脊力于五指。手足动作，务须一致，非徒锻炼腰背，且可强坚手指。

（25）上步揽雀尾式（由前式上右步、立右胘，左手抚之，向前冲挤，余同前式）

（26）单鞭式

用正面乘骑步，余同前（以下凡接云手之单鞭式，俱用乘骑步。云手还原之单鞭式，仍作弓箭步）。

（27）云手式

许师云："云手者，手之运动，如云之回旋盘绕之意。其左右手运行，与少林拳术之左右攀援手同。此式于太极拳中最为重要。"

谨按：云手或作抎手，又有称为运手者。他种拳法亦多有云手式，惟运动皆速，且非横步，是少异耳。

动作有六，分述如下。

（一）原地云手：由前单鞭式两足不动，左手亦暂不动，右手变掌下落，自右下方向左，过两膝，圆转而上，绕过头顶，至右额外，成一大圆圈；上身随之左右平转；目视右手；左手俟右手运行至左肩时即下落，自左下方向右，过两膝，至右胁前。（如图一）

云手式图一

（二）、（三）、（四）、（五）、（六）移步左右云手：接上动作，右手下落，仍向左过两膝圆转而上，绕过头顶，至右额外，成一大圆圈，与原地云手同。惟左手运行将至左胁时，右足即向左移半步。左手于右手下落时，即圆转而上，亦如右手之运行，绕过头顶，至左额外复下落，由左而右，过两膝，至右胁前，成一大圆圈，左足随即向左移半步（如图二）；同时右手复运行如前，上身始终随左右手之运行，向左右平转。两足随身手之转运，向左移挪，目之注视，恒随上行

云手式图二

之手。如是动作，左右各以三次为度。至末次，仍复前弓箭步单鞭式。

此式在太极拳中凡三见。其左右手之运行，有先右后左者，有先左后右者。步法有向右成弓箭步，向左成并步者，有向左向右皆不变乘骑步者。练法有异，作用则同。练时，头宜正直，胸宜稍含，两腿微屈，脚力上提。两手运行与两足挪移，速度须匀称一致。上身以腰平转，切忌摇头摆臀，倾侧偏颇，一成习惯，则根本谬误。在运动方面，重练腰脊之旋转伸缩，能愈肠胃诸病。

（28）左高探马式

许师云："高探马者，身体高耸，向前探出，如乘马探身向前状，故名。左高探马在右分脚前，右高探马在左分脚前。"

动作如下。

（一）捋手：由前云手接练单鞭式后，收左足，足尖点地；左手外挽下捋，仰手屈肘，置左肋旁；同时右手变掌，自右上方下落，经面前搭于左腕上。

（二）扑面掌：左手微撤，右掌前伸，掌心吐力，食指约对鼻准。（如图）

练习此式，手足动作务须一致。扑面掌纯运腰脊之力，尤须含胸松肩。

左高探马式图

（29）右分脚式

许师云："分脚者，即用脚向左右分踢之谓。此为右分脚式，下又有左分脚式。"

谨按：分脚，或称插脚，一名起脚，亦有称分腿者。

动作有二，分述如下。

（一）撤步搌手：由前式向左后方斜撤左步；同时双手后搌，或分向外画一圆圈形，随向内抱，成十字手式；或径屈回右臂，肘尖下压，左手按于右腕；同时右足收至左足右方，足尖点地，成丁虚步，势下蹲，蓄力待发。

（二）分踢：身耸起，两手分开，腕与肩平；同时起右脚，向右前方分踢。（如图）

右分脚式图

此式所当注意者，撒步搌手须一致。踢时两臂成水平，后腿微屈，全身重点寄之。踢出之劲，发于腰脊，达于脚背脚尖。

（30）右高探马式

动作如下。

（一）收步合手：右腿收回原地，足尖点地，或即向前落下，左步微跟进，成弓箭步；两臂由外下落，向怀内抱，或右手作拳，由上压下，或仍作搌手，手心向下均可，惟两腕相搭，左腕在上。

（二）扑面掌：左手向前作扑面掌，与左高探马式第二动作同。或如穿手之向前直穿，亦可。（如图）

谨按：左高探马，在右分脚前；右高探马，在左分脚前。正见太极拳开合往复自然之顺劲，而有于右分脚前知有高探马，右分脚后，即接练左分脚，竟将此式略去，是宜注意。

右高探马式图

（31）左分脚式

与右分脚左右互易，而动作相同。（如图）

左分脚式图

（32）转身蹬脚式

许师云："转身蹬脚者，身向后转，复以足踵前蹬也。"

动作有二，分述如下。

（一）转身：接前式左足踢出后，向内回收，足尖向下，右足立地，足尖随身向左转约九十度；同时两臂由外下落，向怀内抱，两腕相搭，作十字手式；右腿稍蹲屈，目左视，蓄力于左脚待发。

（二）蹬脚：身上耸，两手左右分开；同时左足向左前蹬，足踵用力，足尖向上。（如图）

此式练习单腿之站立回转。当转身时，以右足掌作轴平转，用力勿骤，身须直立，不可前俯。右腿稍屈，全身之力向内收敛，蹬出之劲发于腰脊，达于足踵，与踢劲根本不同，习者不可不明辨也。

转身蹬脚式图

（33）落步搂膝拗步式

许师云："落步搂膝拗步者，承前式，左足向前落步，随以左手搂膝之谓也。余与前搂膝拗步式同。"

由前式左足蹬出后，即向前落下，随以左手下搂左膝，右掌前伸，成左搂膝拗步式，即接练下式。亦有加练一右搂膝拗步式者，则下式应为上步栽捶矣。

（34）进步栽捶式

许师云："进步栽捶者，步向前进；同时将拳由上下击，如栽植之状，故名。为太极拳五捶之一。"

79

谨按：进步栽捶，一作上步栽捶，乃承上式为右搂膝拗步而练者也。或称践步打捶，或称箭步击捶，亦有称为击地捶者。

动作有三，分述如下。

（一）并步搂膝：由前左搂膝拗步式，并右步于左足侧；同时右手下搂两膝，左手翻转向前，上身略向右转。

（二）开步搂膝举捶：左足前进一步；左手下搂左膝，上身复向左转正；同时右手作拳，由后方上举至右鬓角，屈臂向前，作欲探击势。

（三）栽捶：右拳向下栽击，拳背向外，左手抚右肱助势，或置左膝外侧；左腿前弓，右腿微屈，作弓箭步亦可。（如图）

进步栽捶式图

练习此式，右拳必须由上而下栽击。每见有自右胁发拳者，非栽之意也。栽击时，须运用脊力。最忌头顶下垂，冒过足尖，以免涌血伤脑，亦且失却重心。

（35）翻身别身捶式

许师云："与前别身捶式同，惟加一翻身动作，而方向不同耳。"

谨按：翻身别身捶，亦称白蛇吐信。与前别身捶式同，因加一翻身，故方向不同。且练前式时，右腿可不移步，全恃腰力以运之。如移步，则便利实多，人皆贪省力，恃步而不练腰力矣。此式则须抬步翻身，腰步并用，为立圆之劲。或将此式混于下式中，称曰翻身二起脚者，于栽捶后，仅为一翻身动作，即接练二起脚式。正如左分脚前之不复知有右高探马者，同一简略。习者应当注意。

（36）二起脚式

许师云："二起脚者，左右足连续起踢也。"

动作有二，分述如下。

（一）捋手左起脚：由前式，左手收回，贴于左肋；同时起左脚前踢；右手作掌前伸，或拍左脚背。

（二）跃身右起脚：两手向左下方擓；左足下落，同时即跃身，起右脚前踢；两手复转上前伸，拍右脚背。（如图）

通常见习太极拳而无此式者，其原因有云："大约年稍老者，习之不便，故教者将此式裁去。"此言甚觉有理。然即青年者习此式，若无相当传授，亦有因仓卒起落而浮其气者。若习深呼吸者，于此式亦甚勉强而不顺，盖多昧于自然，而勉力从事所发生之弊也。此式练习两腿之起落迅速，纵跳便利，但须注意气沉而不浮，身正而稳固，庶几轻灵活泼，而免于病矣。

二起脚式图

（37）**左右打虎式**

许师云："此式气象凶猛，状类打虎，故名。"

谨按：左右打虎，亦称左右披身伏虎，或称兽头势。

动作有二，分述如下。

（一）左打虎式：由前式右足踢起后，即下落于左足侧，左足随即向左后方斜撤半步，身随左转，成左弓箭步桩；同时左臂由腹前后撤，左手握拳，经左胁下，由外翻转上举，仰拳覆左额上，右臂亦随同后撤，覆拳横置左胁前，虎口贴近左胁；目注前方。（如图）

左打虎式图

（二）右打虎式：身复右转，右足向右移半步，作右弓箭步桩；同时左臂由上压下，覆拳横置右胁前，虎口贴近右胁，右拳直向上举，拳背向外，拳心正对鼻准；目视右拳。（如图）

或两拳同时下落，经小腹前至右胁下。左臂覆拳横置右胁前，右拳由外翻转上举，仰拳覆右额上，仍如左式亦可。

此式体用凶猛，正如其名。左右相同者，其意义亦同；左右不同者，其作用有别。许师所传，两式步法皆作弓箭步桩；在别师所授，多作跨虎步，亦名龙门步。裆开如门，两足一虚一实，气沉丹田，专主前方，虽步法不同，为意则一。又此二式，许师所传，为先左后右。而纪子修先师，有先右后左之练法。不但此式，以下各式，亦左右先后互易，然皆甚顺，且各有其所以然，无足异也。先练左式者，即如上所述；先练右式者，二起脚后，向右后方落右步，即作打虎式。

右打虎式图

（38）披身踢脚式

许师云："披身踢脚者，身后倾作斜披势，起脚前踢也。"

动作有三，分述如下。

（一）撤步捋手：由前右打虎式，左足向左后方斜撤半步，身向左后坐；同时两手作掌，由右上方向左下方作捋手。

（二）披身十字手：身向左斜披，左足尖略向左转，随即收回右足于左足右侧，足尖点地，左腿下蹲；同时右手搭于左腕下，左手稍向前伸，如十字手。

（三）分手前踢：身耸起，两手分开；同时起右脚前踢。（如图）

披身踢脚式图

此式应注意之点在披身。盖披身须以腰为枢纽，含进退咸宜之机，与别身、伏身、蹲身、闪身、拧身、斜身等不同。详见身法专章，兹不更赘。

（39）双风贯耳式

许师云："此式以两拳从侧方贯击两耳，敏捷如风，故名。"

谨按：双风贯耳，亦称双峰贯耳，言两拳如双峰也。又称双分贯耳，谓两手分开，两拳贯击也。

动作有二，分述如下。

（一）落步锁手：由前式右足踢出后，向前落下，成右弓箭步；双手同向前推出，若如封似闭式；再屈左腿，身后坐；两臂平向怀内撤回，两腕相搭，左腕在上，两手心俱向上。

（二）分手双贯：两手分开作拳，翻转向前上方贯击，至与额平，两拳相距约四五寸，两臂内弯，成椭圆形；此时身随前进，右腿前弓，左腿蹬直，仍成右弓箭步。（如图）

双风贯耳式图

此式两臂运行路线，恰成左右两圆圈。其运行时，须与身腿之屈伸一致。按纪子修先师所传，此式为左弓箭步。盖其于上式披身踢脚后，即接练转身左蹬脚，落步作此式，再接进步右蹬脚。故此数式，与许师所授左右互易，然亦甚顺，兹仍从许师，以作标准。

（40）进步蹬脚式

许师云："此式先向前进步，次起脚前蹬，故名。"

动作有二，分述如下。

（一）进步合手：由前式左足前进半步，落于右足之前，足尖点地，身即随右足尖向右转九十度，屈右腿，下蹲；同时两臂屈回，两腕相搭，作掌当胸。

（二）分手蹬脚：身耸起，左足前蹬，足尖向上；同时两手向左右分开。（如图）

蹬脚时，须运腰脊之力于足踵，前既言之。此式尤应注意者，在右腿之微屈，以蓄下式转身之势。

进步蹬脚式图

（41）转身蹬脚式

此式与前之转身蹬脚式所不同者，前之转身蹬脚式，乃于左分脚后，身向左转，约为九十度，即以左脚前蹬，其方向与上式左分脚异。此式则于左蹬脚后，身向右转，约够二百七十度。先落左脚于右足侧，随起右脚面前蹬，其方向与上式进步蹬脚同。（如图）

故或有以"回身""转身"之称，以别此二式者，其意亦可取也。

转身蹬脚式图

（42）上步搬拦捶式

由上式右脚向前落下，随上左步作搬拦捶式，故与进步不同。余同前。

（43）如封似闭式

（44）十字手式

（45）抱虎归山式

（46）揽雀尾式

（47）斜单鞭式

以上数式均见前。

（48）野马分鬃式

许师云："此式运动状态，如野马奔驰。两手分展，如马之头鬃左右分披，故名。"

动作如下。
（一）右合手：与提手上式第一动之合手同。
（二）右式：
A. 拧身合手：由上右合手式，上身略向左拧；右手落下，至左肘后，左手伸至右肩前，掌心相对，若抱物状。
B. 右分手：右足前进半步，身随右转，右腿前弓，左腿蹬直；同时右手向右前上方、左手向左后下方分展，遥遥相对，若雁之展翼。（如图一）
（三）左式
A. 拧身合手。

野马分鬃式图一

B. 左分手：与右式动作相同，惟肢体左右互易，而以下前进俱为一步。（如图二）

（四）右式：同前。

此式动作，不限三次，惟宜取奇数，以复练至右式为止。

此式动作之枢纽，全在腰胯，拧身则合，进身则开，手步开合，务须与腰胯一致。头用顶劲，慎勿偏侧，全身舒展，自然活泼。一般练者，多与斜飞式相混同，盖不知斜飞重在腕力。而此式则重在运用肩臂之力也。

野马分鬃式图二

（49）玉女穿梭式

许师云："此式先前进，次后转，再后转，周行四隅，连绕不绝，如织锦穿梭状，故名。"又云："此式在拳路中，向四隅运动，共分四次。身有转身、回身之别，一、三两次为回身，二、四两次为转身。每次所对方向，有一定顺序，如自南而北演习，则先西北、次西南、次东南、次东北。"兹分述之如下。

第一次动作有四。

（一）右合手：与野马分鬃式第一动之右合手同。

（二）滕手：由右合手式，右足前进半步，成右弓箭步；同时右手下落，复由左腕内掏出，仰掌前伸，左手覆掌略下按于腹前，指尖向右；目向前视。

（三）拧身合手：与野马分鬃左式之拧身合手同。

玉女穿梭式图一

（四）曲肱探掌：左足向左前方踏出一步，成左弓箭步，同时上身随之略向左转；左臂曲肱仰掌护额上，右手由左腋下向前推出，指尖向上，掌心吐力。（如图一）

第二次动作有二。

（一）转身合手：两手回撤，合抱胸前，如十字手，右手在外，手心向内；身向右后转。

（二）曲肱探掌：右足向右斜方踏出一步，成右弓箭步；同时右肘由外向内作一小圆圈，右手随之略转，仰掌护额上，左手由右腋下向前推出，指尖向上，掌心吐力。（如图二）

玉女穿梭式图二

第三次动作，与第一次同。（如图三）

玉女穿梭式图三

第四次动作，与第二次同。（如图四）

玉女穿梭式图四

87

此式拧身、回身、转身，均以腰为主宰，手步随之一致动作，方得机势。其运动之方向虽在四隅，而身体姿势仍中正毋敧。

（50）**揽雀尾式**

由前式，左步后撤，成正方向，即练坐步捋揽。余同前。

（51）**单鞭式**：乘骑步。

（52）**云手式**：见前。

（53）**下势式**

许师云："下势者，身体下降之意，故名。"

谨按：下势式，又有切地龙、一堂蛇、铺地锦、铺地鸡、跌岔等不同之名称，俱不外象其形而名之也。

动作有二，分述如下。

（一）坐身收手：由前云手式复原弓箭步单鞭式后，右腿屈膝下蹲，身后坐，左腿随之伸直，伏地，成半叉步桩；后臂不动，前臂随身之后坐屈肘后撤，由上而下，作上半圆形，至右胯弯处（腿裆），伸掌前指。（如图）

下势式图

（二）立身伸臂：身起立，右腿蹬直，左腿前弓，仍成弓箭步；同时左臂随身之起立，由下而上，作下半圆形，向前伸，与第一动合成一圆形，仍还原单鞭式。

练此式时，腿臂之伸屈，与身之起落务须一致。坐身时，脊骨直立，不可前倾，两足平着地面，后足踵不可提起，前足尖尤忌上翘。

此式身体下伏，有俯之弥深之意。凡太极拳各式，均相对成偶，有前即有后，有左即有右，有上即有下。全路姿势之配备，皆取相对，而各姿势之小动作亦如之，故统称为两仪动作，即阴阳、刚柔、进退、高低、上下等，刻刻相联，而不单纯，以至于偏。在劲名之为开合，亦曰往复。此式顾名思义，与前之提手上式相偶，所谓有上即有下也。接连上式云手还原之单鞭，而伏身下势，起后仍还原单鞭式。再接之式，则为金鸡独立式，亦上起之式也。云手式以单鞭起，以单鞭收势。此式亦以单鞭起，再还原单鞭式。一般习者于下势后，即接金鸡独立式，不知中间遗失一单鞭，此为通病。而练习之式样，有双手皆下按，相抱如琵琶式者；有后手仍不动，作单鞭之垂腕者。此则皆有意义。惟此一式，仍宜作后手垂腕，以便还原单鞭。后一式，则宜作两手相抱如琵琶式，以便接练上步七星也。

（54）左右金鸡独立式

许师云："此式一足立地，一足提起，手臂上扬，作展翅势，状若金鸡，故名。"

谨按：金鸡独立，或称更鸡独立，盖象夜间之鸡，单腿而立也。亦有称前式为金鸡独立，后式为朝天镫者。

动作有二，分述如下。

（一）前进提腿擎掌：由前下势还原单鞭式。右手由后向前上举，经右胯、胸前、面部，而至右额侧；同时右腿随之屈膝上提，至膝盖与右肘相接为度，足尖上翘，左腿直立；左手下按于左胯侧。（如图一）

金鸡独立式图一

（二）退步提腿擎掌：右足向后下落，左手上举，左腿上提，如第一动作；右腿直立，右手下按于右胯侧。（如图二）

此式单腿而立，全身重点寄于一足，务使稳妥正直，不可动摇。手足起落，尤须一致，其运动枢纽，全在腰顶。习者多有于练左式时不稍后退，就原地或且向前落右提左者。至上提之腿，应足尖上翘，则力贯于膝。凡此均不可不注意者也。

金鸡独立式图二

（55）倒撑猴式

（56）斜飞式

（57）提手上式

（58）白鹤亮翅式

（59）搂膝拗步式

（60）海底针式

（61）扇通背式

（62）别身捶式

（63）上步搬拦捶式

（64）上步揽雀尾式

（65）单鞭式

（66）云手式

（67）左高探马式

以上各式均见前。

（68）十字摆连腿式

许师云："拳术名词，以伸顺拳，踢拗腿，为十字腿（如弹腿之第二路是）。旁踢为摆连腿，此式兼其，故名。"

谨按：十字摆连腿，又称十字靠摆连腿。此十字靠，乃专指两手而言。盖谓两手相搭，成十字手，靠于胸前。而以腿摆踢也，是十字摆连。固有二意：其一，即十字与摆连，俱谓腿也；其二，则以十字谓手，而摆连谓腿也。动作有三，分述如下。

（一）穿手扑面掌：由左高探马式，左足前进半步，成左弓箭步；左手仰掌由右手腕上穿出，运下合劲，右手掌心向下，同时随右臂抽回，屈肱置左腋下。

（二）转身十字手：坐左腿，向右后方转身，略舒右腿，如丁虚步；同时略撤左臂，两腕相搭，成十字手式。（如图）

（三）举掌摆踢：左臂上举，掌心向外；右足由左向右摆踢；同时左掌由右向左拍右足面，右臂下落，掌心向下。

十字摆连腿式图

此式之左穿手，一名锁喉掌。系紧接上式动作，运劲在大、食二指。一般练者，多不明其意，而作下合手焉。此式用腿侧踢，本身时含卸劲。转身为半圆形，全身重点寄于左足，右足运动路线则恰成一圆形。

（69）搂膝指裆捶式

许师云："此式于搂膝后，乘势用拳进击敌裆，故名。此为太极拳五捶之一。"

谨按：搂膝指裆捶，或作进步指裆捶。有称指膛捶者，盖系指裆捶之误也。

动作有三，分述如下。

（一）落步搂膝：由前式，右足落地成右弓箭步；右手下搂右膝，左掌前伸，作右搂膝拗步式。

（二）上步搂膝：左足前进一步；左手下搂左膝，右手握拳，虎口向上，贴右胁旁。

（三）指裆捶：左膝前弓；身略前探，右拳向前下方直指，左手按于左膝外侧，或抚右臂助势，均可。（如图）

此式要在后腿蹬劲，运脊力于右拳，松右肩而探击。头顶劲而勿俯，背欲拔而不曲，与栽捶之意大致不差。惟发拳之点不同，且栽捶系向下栽击，而此捶则向前下直指，其用劲固亦有别也。

搂膝指裆捶式图

（70）上步揽雀尾式

（71）单鞭式

（72）下势式

以上三式均见前。惟此下势式，宜作两手相抱如琵琶式。余同前。

（73）上步七星式及退步跨虎式

许师云："拳术家以两臂相挽，两拳斜对，名七星式。两臂分张，两手分作钩掌，双腿蹲屈，一足立地，一足提起，足尖点地，名跨虎式。此两式有联合练习之必要，故合之。"

动作有二，分述如下。

（一）上步七星：由前式，身起立，左腿屈膝，右足上前一步；左手握拳（或仍作掌）当胸，同时右手亦握拳，随右足之前进，由后向前经过右胯上举，与左腕相交，如十字手。（如图）

上步七星图式

（二）退步跨虎：右足后退半步，屈膝下蹲，随收左足，足尖点地，成跨虎步；同时两臂相挽，右手由左臂内掏出，斜向右方伸展，掌心向下，左手经过面前，向左方上举，掌心向外；目视右手。（如图）

退步跨虎式图

或左手作钩，向左下方斜搂左膝，五指作猴拳，指尖后指，两臂成平；目向前视。

此两式连接绵密，不可稍断，身手与步，务须一致。上步则全身重点在左足，退步则全身重点移于右足。要能运用脊力，达于两臂。若徒洋洋然为四肢之运动，则等于花拳矣。亟应注意。

（74）转身摆连式

许师云："转身，动作名，转身摆连者，转身蓄势，藉起摆连腿也。"

谨按：转身摆连，或称转身双摆连，或称转脚摆连，一作转角摆莲。

动作有二，分述如下。

（一）转身合手：由前式身向右后转，上左步，足尖内扣，身仍转，够一圆周；同时双手内合，当胸平列，或作十字手式；身渐下蹲，虚右足，足尖点地。

（二）摆连腿：起右腿，由左向右摆踢；同时两臂前伸，双手由右向左拍右足背。（如图）

此式身体旋转，成一平圆，状若旋风，不可敧斜。用劲在下腿而不在脚。

转身摆连式图

（75）弯弓射虎式

许师云："此式取人在马上，弯弓下射之意，故名。"

谨按：弯弓射虎，又名双撞捶，或称当头炮。

动作有二，分述如下。

（一）落步曲肱：由前式右足向右前方落下；双手握拳，屈两臂，由左下落，向右运行，自左腰际经脐前而至右腰旁；上身随之略向右前倾。

（二）举臂伸拳：两臂翻转上举，右臂肩肘相平，覆拳（虎口向下）近右腮，指左前方，势如持箭，左臂屈肘近胁，举拳当胸，势如握弓，两拳随向左下方略旋而前伸，右上左下，两拳相对；此时右腿前弓，左腿蹬直，身略前倾。（如图）

弯弓射虎式图

此式运动枢纽，全在于腰，两臂运行，身须随之。双拳前击，隐合螺旋之劲。身虽前倾，而不失中定。

（76）合太极式

许师云："此为太极拳路练毕还原之意，故名。还原之法，人各不一。有加以揽雀尾、扑面掌等数式方还原者，有再作一搬拦捶、如封似闭二式者，均为原路所无，兹不赘述。"

动作如下。

由前式，上左步，两足并齐，宽与肩等；两手相交于胸前，再行放下，仍如预备式。复练习深呼吸片刻，还原立正式。（如图）

合太极式图

第二章　太极拳之步法与身法

第一节　步法

拳经云："有不得机得势处，身便散乱，其病必于腰腿求之。"所谓腰腿者，即指身法、步法而言也。若练着仅注意手法之运用，比比不得机势，虽见进益，缺而不全，盖未喻"一动无有不动"之意。论十三式之名称，有曰：手之运行有八方，足之运行有五步。而折叠转换，全恃步法、身法，否则张罔失措，身便散乱，又何能克敌制胜耶？言其重要，则身步无分；论其顺序，则须先熟习步法，而身法自明，乃进于得机得势之域矣。

弓箭步。弓箭步，亦称ㄑ字步，又名蹬弓步。取一腿前弓，如弓背之弯，一腿掤直在后，如箭之直之意，故名。其做法，系前腿进一步屈膝作勾股形，后腿伸直，全足踏实，足踵不可离地。左右距离，以肩宽为准，膝与下腿平直，不得超出足尖。两足尖均向同一方向作ㄑ字形。单鞭式、搂膝拗步式皆此步也。

乘骑步。乘骑步，亦名坐马步，又名川字地盘（亦作地盆）步。两足方向直前平行，距离与肩齐，或稍展宽，两小腿直立，上腿骨弯曲如坐，与地水平，腿弯处应成直角。云手式步法是，单鞭式亦用此步。又乘骑有八字式者，将两足尖稍向外即是，扇通背式每用此步。又有一字式步，两足跟相对，成一直线，如一字形，则为练功用矣。

半马步。半马步，一腿如乘骑式下蹲，一腿坡直，重量寄于下蹲之腿。揽雀尾式之坐步搌揽，即此步也。

丁虚步。丁虚步，亦名丁字步。前腿略直，足尖向前虚立，如丁字之竖。后腿屈蹲之位置略横，如丁字之横，全身重点寄于后腿，前腿虚悬，以便移动。此为太极拳之站桩步，即琵琶式也。在前之足，稍向外开，两足为八字形，又名丁八步。

半仆步。半仆步者，系一腿屈膝胯向下坐，一腿坡直，仆于地上。一名半仆叉。足尖足踵均着地，两足尖向同一方向。下势式，即此步也。

金鸡步。金鸡步，亦名钓马步，又名独立步。一足着地，一足提护裆间。金鸡独立步法是。

龙门步。龙门步，一名跨虎步。两腿下蹲，一虚一实，裆开如门。打虎式及退步跨虎式，即此步也。

上所列举，为拳式中步式之类别。若言步之运行，不外前、后、左、右、中五步。骤视之，似甚简略，而变化实繁，功用至巨。择其主要者，略举于次。

上步：前步不变，后步向前迈进，曰上步。所以进逼敌人。如上步揽雀尾、上步冲挤等式是。

进步：在前之步，更向前迈，后步随之跟进，曰进步。用于紧逼敌人。不及上步时，身稍卸而步即进，是以退为进也。如进步搬拦、进步栽捶等是。

开步：未有任何步法，而开始动作时，谓之开步。如开步提手是。

退步：前步向后退却，后步变作前步，曰退步。盖以手进则步退，以进为退也，如倒撵猴及退步跨虎之类是。

卸步：后步斜撤，前步向侧方撤卸，名曰卸步。与退步之向后退者不同，乃缓卸敌力，引进落空之谓也。如卸步搬拦捶式是。

顺步：右手在前，右步亦在前，或左手、左步皆在前，名曰顺步。如琵琶式是。

拗步：右手在前，左步在前，或左手在前，右步在前，名曰拗步。如搂膝拗步式是。

坐步：步式蹲定，以擒制敌力，使不得逃遁，曰坐步。如坐步擺揽是。

仆步：由坐步再下擒压敌于地上，谓之仆步，又称铺地锦。即下势式之步法也。

敛步：前步不及后撤斜卸，而收回至后足前者，名曰敛步。如搂膝势变琵琶势之步，及野马分鬃之收步，皆是也。

跟步：前步如进步之式，进短而速，连续迭进，谓之逼步，亦名冲步。后步跟进，谓之跟步。此种多以顺步为之，拗步不能也。两足相靠较近者，名曰连枝步。此种跟步，用于追逼敌人。如揽雀尾之挪切手，及搬拦捶等，多用此步。

曲步：步法曲蓄以待发，皆谓之曲步。如分脚蹬脚之敛势曲蓄，将发未发时之步法是也。

并步：两足平立，名曰并步。如提手上势及手挥琵琶、十字手等之并步皆是。

斜步：步式如弓箭，而向斜方开进者，曰斜步，亦称隅步。如大捋、斜飞及野马分鬃等步法属之。

翻步：身向后翻，步亦随之，所谓翻身向后，后即前也，名曰翻步。即五步中之属于后步变前步者也。

叠步：两腿交叉蹲坐，以变换方向，谓之叠步，又名仙人步。每施用于不及改变其他步法时，拧身蹲坐。此步在五步之中属于中定，倒叉步式，又名透步，亦如之。由双风贯耳变进步蹬脚之步法是也。

前列步法，就原式所具，略举数种，以启吾人研究之兴趣。式式作实际之探讨，由博返约，亦只五步而已。惟用步最要分清虚实，切忌迟缓双重，老步直立。至其变化，于熟着之后，划焉心开，自得法外之法矣。

第二节　身法

论拳法者，不能舍身法而言手、步，亦不能离手、步而专言身法。以身法者，所以辅手、步以成其用，而其妙则有非手、步所能及者，须知太极拳式手、步之动作路线，为数至微，全恃身法牵引以进退返侧，与身躯直立徒舞蹈其手足之拳式根本差异。故曰"力由脊发，步随身换"，而所重在一"近"字。近则非专恃手、步所能为，而远击偷打之法，毫无所施其技矣。练习身法，以推手术为最效。其法繁夥，须即势实时以言之，不易形诸楮墨，仍择各式显著之身法约略言焉。

起身：仰之弥高，非但言手法之掤即上乘也，身法尤重焉。其要在项劲上提，脊骨具有弹性。如提手上式及上步七星式、金鸡独立式等皆是。

伏身：敌力下行，我随之而俯，所谓俯之弥深也。其要在粘依机警。如下势式，其显著者也。

进身：步不进而身法进以欺敌，使敌失其重心，谓之进身。如进身按手是。有时藉进身而退步也。亦有称展身者。如斜飞等式是。

退身：退身，即所以进步，又缓化敌力用之。如掤、挂、捋、揽之身法皆是。

蹲身：蹲身，以备起发，即"曲蓄有余""蓄劲如开弓"之意。最显著者，各种腿法皆蹲身曲蓄以致用也。

转身：向后盘旋以备敌，皆曰转身，为敌多人耳。如转身蹬脚、转身摆连之身法是。

翻身：折叠身躯，变易方位，谓之翻身。恃身法转折，不假手步之力，谓之别身。如翻身别身捶式，两兼之。

披身：侧身半伏，如披衣状，所以避敌强硬之力，曰披身。与别身异。如披身踢脚式是也。

拧身：扭转身法，蓄而待发，谓之拧身。或用叠步，或用合步。如野马分鬃、玉女穿梭之身法皆是。

靠身：以身法击敌，名曰靠身，所谓肩靠胯打之类是也。推手术出隅时，每用肘打肩靠。又如提手上式之进肩及十字摆连之肘靠皆是。

贴身：紧贴敌身，使之无术避制吾力，名曰贴身。其要在一"近"字，远则不足致用。太极拳各式皆用之。

闪身：避敌力之直线，而侧闪身躯，一闪即进，至灵至速。与远躲预避者不同，凡採擓时多用之，其妙不可具述。

拳家之言身法，为名至繁，然非太极拳式所具有者，兹不列焉。实则太极拳身法之玄妙，已极超越，以其为近身而用之法也。惟其变化至多，包罗万有，诚无法以名之。凡人类动作之所能悉具，如强名之，则尽天下之数而无穷。是必征诸实验，非空谈可得。盖言之不易，行之亦难。日从事于锻炼，好学深思之士，当豁然也。

第三章　太极拳散手

散手者，各势各着单独使用之谓也。太极拳之用着，无异于其他拳法，惟专主顺自然能力以渐进，不尚刚疾，不假勉强，先致力于一势之用，一着之熟。渐至于势势能用，着着能熟，乃渐入懂劲之域。平时用功，择定一势一着，详究致用之法，与相手实际试验。如练攻人之某着，除对方来手尽自然之能力防范外，相机以拳势着法进而攻击。如专练防人之某着，则以某着之方法防人，有机即尽自然之能力以攻击。久之，则拳法中所具应用之着，与吾身天赋自具固有之良知良能合而致用，所谓我即拳法，拳法即我，无意皆意，不法皆法。故曰"无定法则无以入门，守定法则难期神化"。惟顺自具之知能，以就拳法，而不为拳法所囿者，乃为上乘。斯则太极拳之正轨也。略举各势散手于下。

（1）揽雀尾式

许师云："搭拗手时，搭外则外挂前推，搭内则内揽採起前推。搭顺手时，则揽其肘外方前推，搭内则向外挂其肘或腕即前推。"

谨按：与敌搭手，第一先须隐含掤意。掤劲在未发之先，不上不下，不前不后，纯然中正之劲。两臂抱圆，不顶不丢，不匾不抗，不随不滞，是为得之。

拗手相搭，先施掤劲。敌若以刚力直进，吾对准来力一掤，敌即仰跌。此掤劲发之甚骤，类撞劲也，其要在松肩沉肘耳。

拗手相搭，顺化其力，反手按挒，此与外挂前推左右相反。

上掤敌臂，继变下按手，直入敌圈内，谓之阴阳相济。

拗手相搭，骤由腕外内转前推，同时以顺手抚按敌臂，下用前进后跟步。此法须至灵至速，一接即进，于半秒钟成功也。

右手搭敌右臂，向我右后方用採手採挒，则敌重心移动，而力斜倾，甚有仆者。吾俟其回力后撤，即变手用合劲推挒，或于其倾仆时，释右手变掌或拳扑击其面，所谓引劲落空合即出也。

顺手捋敌左臂，即以右臂下压进身挤掷之。

敌拗手擒吾右腕，即以左手扣定其右臂弯处，使不得前后移动；同时右肘内合，右腕内翻，可别折其拇指，继即合手前推。

右手搭敌左臂内，敌臂在上，则向外掤挂起，即以右掌扑击其面。

掤手御敌，继变按手或捋手、採手，再变推、掷、打、击。挤手击敌，继变按手，或捋手、提手。若捋手化敌，继变挤手或前击。按手拒敌，继变提手或捋採，为习用之着法也。

拗手相接，最简捷者，曰掤、捋、採、击。顺手相接，曰採、缠、提、击，此百不失一之着法。须口授，而不可以笔墨传也。

（2）单鞭式

许师云："敌以顺手进击时，乘势引领其臂，使敌身略前倾，即伸掌进击其胸，用推按劲或切劲均可。"

谨按：鞭者，劲名，如以鞭击人之劲。如敌以左手来击，即以顺手顺其来劲路线引领，继即以右手扑击其面。敌若以左臂外挑，即顺势钩挂其臂，同时突发左掌，以鞭劲击其面部。

以拗手採捋敌臂，使敌前倾，随以顺手扑击，或摸眉、摸额，敌多向后侧仰倒。

左手与敌右手相搭，揽化其力，即向前推，与单手平圆推揉同。此式着法简而劲繁，推手术中用处甚多，亦有用挒劲者。

（3）提手式

许师云："敌用顺手迎面直击时，一法，我由上搭其臂，用腕挤掷之，或下蹲身向上以掷之；一法，用左手下按敌腕，掏出右手，提腕上击敌之颏、鼻等处。"

谨按：上提手，重在用合劲。敌手一来，即由外合住，则敌手常在下，我手常在上。我以单臂内合下压，敌必回力上抗，则随其上抗之力，而提击其颏面。左压左提，右压右提，左右咸宜也。

凡以顺手扣压敌臂，敌若上抗，则随力上提，不限于任何一式。平时练着，养成一扣一提之习惯，随时演练，则发无不中矣。

下提手式，系诱使敌劲下合，上部空虚而前倾，则易于提击。设如敌以右手来击，即用左臂向外掤开，随以右手立五指直插其裆间。敌必急以左手下按，头必前倾，乃用外掤之左手，顺力向下搬扣敌之左臂；同时以右腕上提敌之颏、鼻、面部，右步前进，腰身耸起以助势。凡击敌下部时，皆可变下提手着法，所谓有下即有上也。

往昔先辈于提劲，每与挤劲相混，盖以推手各劲，每于挤劲之后，继用提劲，动作稍速，则不分矣。

提劲专练，无论掘、採、搬、压、钩、截、挤、按，各着各劲之后，皆可任意施用。

（4）白鹤亮翅式

许师云："一、敌在左侧，我用左手由敌腋下穿提上展，右手下抚，则敌必仰倒矣。二、为开缠敌手。"

谨按：此式擅左顾右盼之特长，腰轮平转，至灵至速。设敌在左侧擒我左腕，即仰腕后撤，至左胯附近；同时右掌用鞭劲击敌左耳，谓之展翅，敌必倾倒。若继以左掌击其右耳，谓之亮翅，敌必负重伤矣。此着完成，其速度不过一秒钟。如掘採敌之左臂，使之前倾，继用展翅、亮翅，为法亦同。

掘採敌之左臂用展翅式时，敌若以右手来防，即以左手穿提敌之右肘，敌必倾倒。

（5）搂膝拗步式

许师云："敌由下方击来，即以顺手向旁搂开，以拗手前推其胸。"

谨按：敌手进击我之中、下两盘，皆可以顺手下搂，以拗手前推，或直扑击其面部。搭拗手时，敌如以他手进击我圈内，我即以他手下搂其进击之手；同时撤回所搭之手，扑击其面部。或向肩推掷，此则拗手搂顺手击也。

敌拳进击吾圈内，或头部，或下方，（吾）均可以顺手旁搂；同时以拗手横贯敌头鬓之间，随即以横贯之手，再复下搂，而以前搂之手，继续横贯，左右扬鞭。攻防兼至，轻灵神速，谓之左右搂打，连环不断。敌虽圣手，不易防也。惟步法则弓箭步、进步、跟步、敛步、卸步，随宜用之。

用顺手搂敌时，如敌臂外逃上转，将击吾头时，（吾）即随粘其臂，向内扣合，仍用搂手，继以他掌推扑之。

（6）手挥琵琶式

许师云："敌握吾右腕时，吾右手向怀内后撤，以揉化其力。遂进右足，以左手按其肩下前推。"

谨按：敌手来击，吾用抱手式，运劲于腕，合击其肘腕。敌必负痛而逃，或竟毁折其腕。

设敌以右拳来击，我用左手下搂，右掌扑推。敌如以左手擒我右腕时，即将右手向怀内后撤，随以左手穿插敌左肘后，向上扣托。复以右手稍向外捌直敌臂，遂对准敌肩直劲推掷，敌必仰倒，甚且损折其肘腕焉。

用双手攦採敌右臂，使之突然前倾，继即释右手，变掌或拳，骤击其面。或攦採时，劲稍高提，则可继击其中脘，或下丹田。此为致命之着，不可轻易用也。

（7）进步搬拦捶式

许师云："敌拳当胸击来，即以顺手向内搬开。敌欲外逃，即拦之，乘机拳击其胸。"

谨按：搬拦捶有上、中、下、左、右、前、后七种，着法大致相同，而异处亦夥，且与继用之着法有关。分举于次。

上搬拦捶：敌手高来，以顺手搬下，拗手击其头部。敌如以顺手上托，继用之着，为玉女穿梭式。

中搬拦捶：敌手当胸击来，以顺手搬拦，拗手击其胸。敌如以顺手横推，即变如封似闭式推掷之。

下搬拦捶：敌手向下击来，以顺手搬拦，拗手由自己左腕上出拳前击。敌如以左手来防，即以左手向上採其左腕，向左后方斜擓，右拳变提手式以击之。

　　左搬捶：敌以右拳来击吾胸，急斜进左步于敌右侧，闪身以左手向右横推敌肘，随以右拳击敌右胁。继用之着，亦为提手式。

　　右拦捶：当以顺手搬敌右臂时，敌继以左拳进击，则先以右手向左横推敌臂。再以左手穿敌左肘外，向左横拦，随以右拳击其左胁。

　　前进搬拦捶：设敌右手握吾右腕，吾即曲肘近胁，仰腕反压敌腕。敌如增力反抗，即顺其劲，覆拳下扣回撤，乘势进步或上步，以搬拦捶击之。

　　后卸搬拦捶：敌手高掤进逼时，卸步以化其力进击之。如敌我右手相接，敌复以左拳当胸来击，即以左手搬扣其左腕，右手托挤以助势，卸步骤採，敌必前倾，随以右拳击其头。

　　卸步仅用搬而不用拦。此外则有时先搬后拦，或先拦后搬，运用灵速，连环无间。惟搬捶一击，被敌防住，搬手不动，撤回前拳，连续再击，无不命中，惟在迅速。此搬手之后，两次击捶也。

　　敌如以搬拦捶来击，我亦以搬拦捶应之，拳家俗谓吃甚还甚是也。然法式既同，则胜者必具有后发先至之巧耳。

（8）如封似闭式

　　许师云："用搬拦捶时，敌若以左手推吾右拳，即将右拳向内撤回，而以左手从下外方拦其手，复腾出右手向前推之。"

　　谨按：如封似闭式之着法，一为缠手，二为擒拿，三为推掷。凡以右手前击，遇敌以左手向里横推时，皆可以左手穿至敌左肘后，外拦或缠採，继即双手翻掌前推。

　　如用搬拦捶时，敌不横推，而以顺手上挑，则顺其挑劲上掤，而仍以左手从下外方拦之，复以右手向其左肩推掷。

　　如用搬拦捶时，敌不横推，亦不上挑，而以顺手下按，则撤回右拳，立时冲击其头部，敌必推挑，吾仍以前法推掷。

　　用右拳前击时，敌如顺手擒握吾腕。即将右手向怀后撤至肘与胁贴，而以左手作拳，从敌腕下穿过，回扣其腕，成十字搭手式。随以右手外拧，左手内拧，则敌手必开，指必伸，全掌横抚于吾右乳上。此时吾右手已开，左手仍扣紧不释，左肘贴胁，吾身躯只向左一平转，敌指必折断矣。若更以右手执其左肘，则更有把握。敌如撤脱，即反掌向前推掷。此为太极拳擒拿法之一。

以左手由我右外方缠採敌左臂时，如被敌随手擒握，即滚腕外翻推掷，其擒手自开而远跌也。

封闭推掷之着，全在制敌肩、肘、腕关节，而步法、身法随之助力为尤要。

（9）十字手式

谨按：十字手为衔接手法。其用甚捷，师珍秘未言，兹略述其意，俾有心者得之。扣领敌右臂，以右掌击敌右鬓。敌左手内推时，仍用左手由右下外方缠採敌臂，同时右手向下平开，以腕背击敌小腹。敌负痛蹲身来防，则并步作双贯耳掌合击其两鬓。此式连续三着，皆伤人杀手。心狠、意毒、手快，三者兼有之，不可轻授受也。

（10）抱虎归山式

许师云："设敌以左手由吾身后右侧击来，即以右手下搂其臂，以左掌迎面击之。倘敌左臂乘势上抬外逃或左转，随手击吾头部，应即进身，以右肩承接其臂根，圈右臂后抱敌身。设敌思逃遁，应回身以右手外捌其双手，前推其胸。"

谨按：此式着法及横掌、立掌各法之变，同时兼顾上、中、下三盘防务，而克敌制胜。操攻防之全能，为着法之首要。

凡敌以右手直击吾胸，即以右手搂截，而以左掌贯击其右耳。敌如再以左手进击，即以贯耳之左掌下搂或拳截，而以右掌贯其左耳。往复搂截贯打，若双环护身然。如系追击，用斜行步，亦名三角步。如系闪退，用敛步。平时用功，以弓箭步为主。惟搂贯三掌之后，必夹一掤手，变为擓贯一手。再接搂贯两手，此中窍要，难以笔述。又法，搂贯连环三掌之后，夹一蹬脚，所谓常山之蛇，击其中则首尾皆应也。亦为必胜之着。

敌若在吾右后方来击，先以右手掤接其手，旋反手下按其裆中，而以左掌推击其胸或头部。本式散手应用，与搂膝拗步式，有参考之必要，但须辨其同异。

（11）肘底看捶式

许师云："设敌以右手击来，我以左手握敌右肘前领，转腕上托，而以右手下击其胁。"

谨按：敌握吾右腕，以左手作掌击吾头部。即以左手自上而下，搂压其臂，执其腕，以左肘夹其右腕，向外研肘，腾出右手进击之。

设右手击敌，被敌以左手托住，同时右拳来击。吾即以左手截按，旋以右臂扣压，抽出左手，作拳向上冲击其下颏。敌如以右手搬托防范，（吾）可连续以右手扣，左拳冲，稍撤即进击，变化甚捷。

敌以右手来击，吾顺劲引入，夹于左胁，乃以右手还击。敌必用左手下按，（吾）即以左手擒其腕，向左外方反转，复以右拳击其左胁。

敌如左手来击，吾顺劲引入，夹于左胁，乃以右手击其头。敌必用右手来防，（吾）乘机擒其腕下捋，交于左手擒扣，腾出右拳，任意击之。

敌以右手握吾右腕时，骤向右后方斜领。（吾）同时左手扣紧其腕背，俟其臂一伸直，即扣执其手，向外反转，敌必向右斜倒，继进右拳击之。

敌以左手握吾左腕时，（吾）即随劲下扣外转，复以右手扣执其手，向外反转，敌必仆倒，继以左拳进击之。或变用手挥琵琶式掷之。本式着法，多属擒拿。前举数者，皆其主要之着。

（12）倒撵猴式

许师云："设敌用拳击或脚踢，即以前手下搂以格拦之，复以后手迎击其面部。"

谨按：设敌用右捋手左扑面掌来击，即以左手下搂其左手，撤回右手，向敌左肩推掷，或击后脑。同时左手向左后方採捋敌之左臂，以右脚挂其左脚后撤撑蹬，敌必仆倒也。其着法遇敌手逼近，吾用前击及左右贯击皆不能进时，撤手自后方转，由头顶出掌下盖，每出敌不意，如飞将军自天而下也。

敌如连续进逼，可将直击之掌变为横贯，与搂膝拗步之左右搂打法相同，惟步法相反耳。

（13）斜飞式

许师云："此式为腾手法。如右手与敌左手相搭，即以左腕上挑敌腕，以右手进击之。"

谨按：凡与敌顺手相接，经常以此着施用，惟腾手所用为採缠劲，为阴手、暗手，敌不易知、不易防也。如捋敌右臂，以左扑面掌击敌，此着显而易见，谓之阳手、明手，敌易知能防。故腾手之採缠，由臂下经过，为臂所掩。用之纯熟，其妙不可以言语形容也。

搂按敌之右手，以右手击敌时，敌如以左手来防，即以左手由下上挑敌腕採缠之，腾出右手，击其头部。若敌再以右手来防，即用左手向外开缠，仍以右手击其头部。连续应用，敌颇难防。

我已採缠敌之左手后，如不击头面，可横击其下部。

我以左手採缠敌之左手，以右手提击敌头部。敌以右手来防，即可变右撅手撅之前倾，而以左掌自后击其后脑，复释右手撩扑其面。此为腾手后连续施用採、缠、提、撅、扣掌、撩掌诸着劲，而贵以步法、身法继之，诚百战不殆之着法也。

腾手以后，与高採马式之左撅手右扑面掌彷佛耳，而其应用各不相同，学者于此应深思焉。

（14）海底针式

许师云："敌用右手击来，即以左手向旁搂开，以右手还击敌胸。如敌用左手握吾右腕时，则转腕向下直指，则吾劲前发，敌必倒矣。"

谨按：敌右手来击，可以左手托扣其肘，顺劲引领于右后方，而以右手运劲于指，点刺其海底。

设以右手击敌，被敌以左手握吾右腕时，即顺其劲向地下沉，旋擦地后撤，如画立圈之路线，敌必前仆而倒也。

与敌接手之先，有作此式以待敌者，为其攻防兼利云。

（15）扇通背式

许师云："敌以右手击来，即以右手反刁敌腕上提，以左掌击其胁下。"

谨按：此式为发掷着法，推手术中多用之。

设以海底针击敌，若敌以左手握吾右腕时，（吾）即反腕上提，以左掌推掷之。

此式着法吃外时，应扣住敌人右腿；吃里时，应将左腿进插敌人裆间，乃可操胜券矣。

（16）别身捶式

许师云："敌人自身后一手按腕一手按肘将掷吾时，即向后别身屈肘，擒制敌臂，乘势抬步握拳迎击。"

谨按：敌以右手擒吾右腕，即别身屈肘，作拳反压敌腕，左手作扑面掌击之。

敌以右手握吾右腕，以左步扣吾右步，以左手扑面来击时。应上掤右臂，即别身屈肘向右前方压迫敌身，同时潜移右步于敌左步外以绊之。吾劲一发，敌必倒矣。此为暗步，敌不知也。

以右手击敌，被敌左手握吾右腕，即以左手扣紧其腕，以右肘抢压敌臂，向左后方骤撤，成胁下交叉手式，敌必仆倒。右手继以反背捶击其面，再继以右摆手左扑面掌，敌必创甚也。

（17）云手式

许师云："设敌自后袭击右肩，即以右手迎之，及触敌手，即翻掌发劲掷之，左手亦然。又敌用左手自前面击来，即以右手向右运开，乘势进击。"

谨按：云手式，具有提、挂、掤、掷、滚、按、推诸劲。在散手及推手术中，无处不用，而尤长于缠劲。

与敌初接手时，右手作云手，左手作搂膝手，运行不绝，若两环护身然。

下用活步，蹲身，随敌进退，敌手无法进攻也。若审察敌势既明，则一进即粘搭敌身，万法皆可施矣。

与敌接手，最忌专靠粘搭及作势等待。以各家拳法，多尚刚猛迅疾，如烈风暴雨，徒恃耳目，不可防也。故必先以活着活步慎密防之，而乘机攻击，则人不知我，我独知人焉。凡敌手进击，皆可以顺手向外运开而击之，此亦吃里之着。如吃外则以拗手运化，更进则挂其肘后横运。敌若以他手来防，则继以拗手作下缠手，挑挂其肘后横运之，连续数次，敌必倒矣。

（18）高探马式

许师云："设敌以左手进击吾胸，即顺左手捋敌拗腕，随手击之。"

谨按： 此式左右应用相同，而变着最繁，为掌法之首要。

设以右手擓敌右腕，用左扑面掌击敌。若敌左手来防，即以左手擓其左腕，变右扑面掌击之。此为连环掌法。

设用右擓手左扑面掌，敌左手来防，即擓之，以右掌向左前方推掷其左肩。惟左脚扣其右脚，作钩腿盘旋步耳。

设用右擓手左扑面掌时，敌以左手执吾左腕，即随其劲向下搬扣，变搬拦捶击之。

擓敌右手，用左扑面掌以惊敌，即释擓手，以右拳进击。

设用右擓手左扑面掌时，被敌以拗手执吾左右腕，可蹲身以左肘夹敌右臂，向左研肘，释右手作拳进击，如肘下捶式也。

设敌右手握吾右腕，即以左手扣紧其腕背，抬步向右后方擓之，敌必前倾，而右臂直伸，吾即双手扣执其腕，抬左步向左前方捌其腕，敌必伤而倒也。此为擒拿着之最要者。

破敌擓手，惟挤法最捷。破敌擒腕，以拳击其腕背为最捷，继以点心捶进击之。

（19）分脚式

许师云："擓敌之臂，用扑面掌时，如敌顺势用肘或臂上抗，即用下缠手，由内分手外掷其臂，乘势前踢。"

109

谨按：分脚式，左右应用相同，向左右分踢之法皆属之。设敌以右手击来，吾即以右手向右分掷其臂，起右脚踢之。或以左手向外分掷其臂，起左脚踢之。

追击敌人，距离为手所不能及时，起分脚踢之。

敌突然来击，不及施防范时，稍卸后步，起分脚踢之。

分脚踢敌，所以及远，必与下缠手并用，乃能防敌之手。脚步要起落轻灵，收放敏捷，不得拖泥带水，重滞失机。

（20）转身蹬脚式

许师云："设敌由身后袭击，即转身避过，并乘势用脚前蹬，两手随向左右分开，以防敌之搂腿也。"

谨按：转身向后，后即前也，与正面对敌无异，惟多一转身耳。然既用转身，非仅敌一人，故对身后之敌，时时注意防范，须全身毫毛毕竖，机警万分。偶一发现，即转身蹬之，两臂分掷，不仅防其来手，更所以惊之也。

转身之要，着地之腿稍屈，腰轮平转，勿稍倾倚，致牵动中正之姿势。蹬发之脚，要含蓄饱满，发时，身躯上耸，全力到脚，如箭离弦，如鹰搏兔，着敌即收，毫无沉滞，斯为得之。

蹬脚之用，每附于各种着法中，不单独应用也。

（21）落步搂膝拗步式

谨按：用腿用脚之后，每继以搂膝拗步，所以防敌乘虚而入也。因中下两盘过空，不可不急加补救，用左右搂打手，其效尤捷。学者勿以简易忽之。

（22）进步栽捶式

许师云："设敌以右拳迎击吾胸，即以左手向外搂开，随以右手进击敌面部。倘敌以左手内握吾腕，即覆手作拳，前击其腹。"

谨按：用搂膝拗步式，以右掌击敌时，敌若以左手横推吾右臂，即顺劲向左平撤。同时移后步于前步之右，两足相合，成并步式，则敌力自空。更以左手搂其左臂，开步以右拳探击其头，随栽击其腹。

凡以拗步击敌，最感空虚者，为前击手之肘。一遇横推，即易翻倒，此为一大弱点。无论何时何地，皆应极端注意。其防备之法，以下缠手及并步搂膝为最宜。

用蹬脚将敌蹬倒，随作践步栽捶击之，防其复起。

敌以右手来击，吾即以左手向外搂开，随举右拳于右鬓上方，作欲探击其头状。敌必全力注意上防，吾则忽变着向下栽击其腹。变化灵速，敌多不我防也。

（23）二起脚式

许师云："敌用左拳当胸击来，即以左手进握其腕，以右手迎扑其面，乘其不意，起左腿踢之。设敌退避或下格吾足时，则复跃起换右腿踢之。"

谨按：以一手搌臂，一手扑面，一足前踢，三着在一时齐进。此为最快最多之着法，敌甚不易防，必仓促后退，即此一着已足。惟求用之纯熟，满可致胜。至于二起右脚，必踢至敌之下颏也。

如用右搌手左扑面掌时，敌如以左掌横贯，则左步跃退，乘势起右腿踢之，必损其左肘。

（24）打虎势

许师云："敌以双手握吾之臂，即将臂后撤上转，复用他手由胁下穿，替出所握之臂，迎头击之。"

谨按：敌以双手用全力直扑吾身，即含胸后卸，以一手搬扣敌臂，一手拳击其头。

以右手搬扣敌之左臂，以左拳击敌头部时，敌如右手扣按，即顺其劲扣其左臂，以右拳向上冲击其颏，亦名通天炮。

（25）披身踢脚式

许师云："敌以左手当胸来击，即披身用手搌敌之臂，复以右手向外挑击,同时起右脚踢敌胸胁。"

谨按:披身,所以卸敌来劲,而其要诀,在于左足后撤半步,盖近身用腿为最难之事,惟披身卸步则易耳。

如攻击时,凡遇敌猛力冲进,随时可卸步披身,分手格拒而踢之。敌若后退,即迈进左步,起右脚踢之。或由右腿后倒叉左步(一名透步,又名偷步),起右脚踢之。

平时用功,随时随地,练习分掷起踢,卸步进步,简而易行。及遇敌时,有自动用着之妙,不须有意贯之也,此之谓着熟。

(26) 双凤贯耳式

许师云:"敌以拳当胸击来,即以双手分格,乘势进击敌之双耳。"

谨按:贯耳之手,有用单贯者,如左右搂打、抱虎归山等是也。然多用掌,有时亦用拳击,与此式着法有连续性。

设两腕皆被敌顺手擒握,即顶劲向外力分,敌必用力内合,遂随其回劲,以右拳击敌右腕,左拳击敌左腕,两手自开,即合贯其双耳。此着顶劲,所以诱敌,亦名问劲。

凡敌手进击,无论单双手,皆可向下分格,而贯击其双耳。

踢脚时,敌每亦以脚还踢。故拳技家欲制人之腿,则先以脚踢之,敌必还踢,遂受其制矣。揣敌之意,以为尔能用脚,我亦能用,盖彼未必有起腿之意,因对力用腿,乃感触启迪之耳。此式落步锁手,即所以防敌之来踢,如其来踢即锁之,并分格之。而上贯其耳者,又常山之蛇,击尾则首应之意。俱见太极拳之精细,有知彼知己之妙算,即此所谓国术心理学也。

(27) 进步蹬脚式

许师云:"设以左手击敌,敌以右手自下托吾肘时,应即蹲身,向外下缠敌臂两手,起左足前蹬敌胁。"

谨按:蹬脚用足踵吐力,与踢脚不同。切勿混施,致减功效。

如以左手击敌,敌以左手来格,即用右手向外分挑敌手,起左蹬脚蹬其胸胁。

（28）野马分鬃式

许师云："敌直击吾胸，即以拗手进按敌腕，随进顺步至敌腿后弯，伸顺臂自敌腋下斜上挑击。"

谨按：以拗手与敌相接，顺擺敌臂。敌若抬撤，即上顺步，伸顺臂以挑击之。敌若不抬撤而下撤，即由其臂上挑击。

用臂击敌，谓之横拦手，亦称靠打。如形意拳术之蛇形，较此势稍低，而亦以臂致用也。与斜飞式之用腕不同。

此式为出隅之追击法。一放一收，一开一合，极阴阳变化之能事。而以步法身法制胜，亦敌多人之手也。

设敌以右手来击，即以左手下按敌腕，进右步以右手击敌右鬓。敌若以左手上防，即进左步，扣其右腿，展左臂自敌左腋下斜上挑击。

（29）玉女穿梭式

许师云："敌以拗手从后方侧面击来，即回身以拗手傍缠敌腕，随进顺步，以顺臂上掤敌臂，伸拗手击敌胸腋。"

谨按：凡遇对面敌手高来即掤之，以他手击其胸部，如由侧方来手，则应先旁缠耳。

设左手搂扣敌顺手，而右步在前，以右手击敌右鬓。敌若以左手横推吾臂，即进左步扣敌右腿，以左臂向左斜上方掤敌臂，以右手击敌胸胁或推掷之。

此式着法，亦为敌多人，并练转身之法。务求轻灵活泼，但忌飘浮。各家拳法每用架打，此为掤打，不相同也。

敌若猛冲，应双擺其臂后撤，敌如回撤，即顺劲掤其臂，以拗手击掷之。

（30）下势式

许师云："敌以双手握吾臂，或前扑吾身，不能抵抗时，则用此式坐身揉

113

避，变化敌力，令其落空，即乘势前击。"

谨按：与敌交手，至无地后退时，应捋其臂，下势压迫，敌如后撤，随起身击之。捋挒敌臂，坐势下压，敌若撤脱，便以前手拳击其脚背。

（31）金鸡独立式

许师云："设以拳掌进击敌胸，敌以手格拦，应即以手向上挑开敌手，以后腿之膝冲敌小腹，并以前手同时进击。"

谨按：下势压迫敌人时，敌若撤逃，即顺势起身，以前手托撑敌之下颏（此为太极拳卸骨法之一），后手格拦敌之来手，并膝冲其小腹。一发之后，换腿再提，而落下步时，随践踏其脚背。

敌拳来击，即提膝自下托之，而以顺手拳击其腕，此名截法。如几上切肉之意，以膝为几，须灵速而准确。

此式能上卸颏骨，下伤脚背，中间提膝，易伤生命，非可浪施之着。如遇敌寇，则即此一手可了之矣，又何顾虑之有哉！擎掌提膝，愈近愈有把握，一鼓作气，切忌犹豫败事。

（32）十字摆连腿式

许师云："敌由后袭击，即转身以手格拦，乘势以足侧踢之。"

谨按：此式右踢左打，亦敌多人之着。腿脚并用，八面支撑，随机施用。切忌固执，总要腰腿轻灵，转换自如，周身一家，乃能致用。若徒知着法，而身、步不足以副之，则无能为矣。余故不举实用之例，恐印定学者耳目，反落呆滞害事也。

（33）搂膝指裆捶式

许师云："敌以左右手足连击下部，应以左右手格拦，乘势进击敌之下部。"

谨按：太极拳五捶之中，此为专击下部之着，亦致命手也。敌手防范上部时，忽变而击其下部。

若握敌左腕，或吾左腕为敌拗手所握，则向左上方斜挂以化之，而以右拳击其裆。

当击敌裆时，敌若向下搂按，即变下提手式，击其鼻、颏。

（34）上步七星式及退步跨虎式

许师云："（一）上步七星式。设敌以拳当胸来击，应以左臂上架或外拦，随进右足，以右手从左手下击敌胸部。（二）退步跨虎式。用前式时，设敌以手下压，或外搂及前踢，即以左手下搂敌手或足，抽出右手推敌胸肩。"

谨按：此两式着法，不可离用。上步七星式，进击法也。接下势式而来，压敌臂而下势，敌多后撤，随上步以左臂掤敌右臂，或搬扣，或外拦，即掤拦其左臂亦可。随进步以右拳上冲其头部、鼻、颏，或咽喉、胸部，是即当头炮、通天炮等意义，如敌手太高，则以左手挑开，以右拳反背撅击其面，名曰迎面捶，亦名反背捶。遂连接后式矣。

跨虎式，退击法也。以前式击敌，步小势促。敌若横推肘臂，则势甚不稳，故即退半步以济之。随以左手缠擺敌之左臂，或用採手向左斜上方引领，即以右掌拍击敌之小腹。

由七星捶变擺採反拍，即拳如绞花捶之意也。

（35）转身摆莲式

许师云："敌自左侧击来，即闪身上左足以避之，诱敌追袭，乃转身起右足从旁踢敌胁部。"

谨按：七星捶之起身进击，跨虎势之退一步蹲身伏击，与此式之转身踢胁，皆不徒恃手法，而尽量施展身法、步法之威力。此太极拳后来各式，较以前各式渐次加深加难，有循序渐进之妙，能使学者于不知不觉中进功。而此后来各式，非讲求身法、步法，不易施用。若身法、步法有相当成效，则有左右逢源之愉快，出手制胜之把握，是所谓尽熟着之能事，不求懂劲而劲自懂也。

设敌与吾双手相搭，势将角抵，吾即以双手摝敌左臂，使之前倾，随向右转身，起右腿摆踢之。

设敌两手替换进击，吾应以两手连续按截。俟其左手再来，即双手向左侧后方摝之，向右转身，起右腿摆踢。

前两着之应用，如为倒敌，则摆踢其小腿，必绊而倒。如为伤敌，则摆踢稍高，足踵每正蹬及其前阴，切勿大意。惟转身时，左步迈进之尺寸，关系最大，平时与相手实际试之，以养成步度适合习惯，庶得其真耳。

（36）弯弓射虎式

许师云："敌从右搭吾右臂下按，即随其动作半圆形以揉化其力，乘其懈而前击之。"

谨按：敌以两手紧握吾右臂下按，（吾）即撤后上转，敌手必开，随以两拳冲击其头。若后撤之劲整而骤发，敌手一开，即当仆倒，不待拳冲也。

当后撤上转时，左臂自上压之，尤助声势。

若敌以左手握吾右腕，亦顺劲外转，而以左手反扣其腕。敌手开后，即换右手捯之，反腕而执之，左手托其肘，勿使之弯曲，腕必折矣。若于敌手开后，即以拳击之，则本式不变也。

此式亦全恃身法，即所谓腰劲也。以太极拳至运用内劲时，手足外形之动作有限，大部随身法牵动，是以身领乎手步，而非身随手步也。就演练姿势而言，如势向左右移，必身先左右转，手步随之转耳。以至于推手论劲，更重身法。所谓"主宰于腰""腰为纛""腰如车轴""命意源头在腰隙""刻刻留心在腰间""活泼于腰""力由脊发""敛入脊骨""腰脊为第一之主宰"诸遗教，足征先辈谆谆启迪后进，注重身法，勿徒手舞足蹈为矣。

各式散手之连贯应用，以至数动作为一着，变化繁夥，皆由手挥琵琶一式变化而出。故习太极拳散手，必以是式为桩步而用功。桩步者，犹栽木于地，喻步之稳固不拔也。今之所举，悉就原式，择要略述，计百数十着。苟能循是以行，或可维斯道于不坠欤。

第四章　论太极拳推手术

推手，或曰搭手，一曰靠手。各派拳术家多有之，以练习进身用着之法者也。太极拳术以懂劲为拳中要诀，而懂劲以使皮肤富感觉力为初步。此感觉力练习之法，在二人肘腕掌指互搭，推荡往来，以研磨皮肤，由皮肤压迫温凉之觉度，以察知敌劲之轻重虚实，及经过方位。久之感觉灵敏，黏走互助，微动即知，斯为懂劲矣。《太极拳经》曰：懂劲后愈练愈精。习太极拳者，不习推手，等于未习；习推手而未能懂劲，则运用毫无是处。呜呼，升阶有级，入室知门，学者于推手术，盍注意焉。

推手术，有单搭手式、双搭手式之别（见后）。单搭手者，只手单推；双搭手者，双手并用，此均指搭外而言（以胸怀为内，外指臂之外部也）。又有所谓开合手者，则一方两手均在内，一方均在外，互换为之，往复双推也。单推手，研手门，及闽省拳靠手、五行手（其手分金、木、水、火、土，五者互相生克运化）多用之。许师禹生，幼从刘师敬远先生习单推手术，甚有心得，尝取太极拳各姿势，参酌各家，一一为之规定练习方法，编成推手术，以辅原来四正四隅各方法之不足。兹仅择堪为太极正隅各手之初步者，略为述及，取便学者云尔。

第五章 推手术八法释名

　　掤，捧也，上承之意。膨也，如蓄气于皮球中，用力按之，则此按彼起，膨满不已，令力不得下落也。《诗·郑风》抑释掤忌，杜预云，箭筒也。文通作冰，《左传·昭公二十五年》执冰而踞。（注）：箭筒，盖可以取饮，又以手复矢亦曰掤。太极功搭手诀内，逆敌之势，承而向上，使敌力不得降者，皆为之掤。

　　捋，读作吕。字典中无此字，拟系摅之讹。舒也。（班固《答宾戏》）独摅意乎宇宙之外，又布也。（司马相如《封禅书》）摅之无穷，又散也。（杨雄《河东赋》）奋六经以摅颂，又犹腾也，（张衡《思玄赋》）八乘摅而超骧。太极功搭手时，凡敌掤挤我时，用摅字诀以舒散其力，使敌力腾散，而不得复聚者皆是。

　　挤，《说文》排也，推也，以手向外挤物前进也。《左传》小人老而无知，挤于沟壑矣。《史记·项羽本纪》汉军却为楚军挤。《庄子·人间世》其君因其修以挤之。凡以手或肩背挤住敌身，使不得动，从而推掷之，皆挤也。

　　按，《说文》下也。《广韵》抑也。（梁简文帝《筝赋》陆离抑按，磊落纵横）。《尔雅·释诂》止也。《史记·周本纪》王按兵毋出。《诗·大雅》以按徂旅，释遏止也。《前汉·高帝纪》吏民皆按堵如故。（注）：按次第墙堵不迁动也。又据也。《史记·白起传》赵军长平，以按据上党民，又抚也。《史记·平原君传》毛遂按剑历阶而上是也。又按摩也，古有按摩导引之术。《前汉艺文志》黄帝岐伯着按摩十卷。盖太极拳术，遇敌挤进时，用手下按，揭抑以制止之，使不得逞，谓之按。

　　採，採取也。《晋书》山有猛虎，藜藿为之不採。又择而取之曰採。太极拳以採制敌之动力为採，如静坐家抑取身内之动气。为採取也。《阴符经》曰："天发杀机"，悟此则思过半矣。

　　挒，捩也，拗也。《韩愈文》捩手复羹，又紾也，转移之意。太极拳以转移其力，还制其身，谓之挒，又挒去之意。

肘，臂中部弯曲处之骨尖曰肘，拳术家以此处击人为肘，盖动词也。太极拳用肘之法甚多，本书仅就推手时所应用者，略述及之。

靠，倚也，依也，依附于他物也。太极拳近身时，以肩、胯击人曰靠，有肩靠胯打之称。

第六章　太极拳应用推手

第一节　太极拳之桩步

太极拳术之桩步，多用川字式者。由立正姿势，左足向左前方踏出一步，两足尖方向均向前，其左右距离以肩为度。身下蹲，两膝微屈，使全身重点寄于后足，若丁虚步然。惟前足尖上翘，或平置于地，微不同耳。上体宜立腰、空胸，气注小腹，头正直，顶虚悬，尾闾中正，精神贯顶。脊背弓形，两臂略弯，向前平举。手掌前伸，坐腕，指尖微屈，分张向上。前手食指约对鼻准，后手约居胸前，掌心参差遥对，若抱物然。削肩而垂肘，其肩、肘、腕，与胯、膝、脚，三者相合。全身宜灵活无滞，各逞自然状态。右式同此，斯为善耳。

第二节　单搭手法

两人相对立，各右足向前踏出一步。右手自右胁旁做圆运动，向前伸举，如前之桩步姿势。两手腕背相贴，交叉作势，是为单搭手式。

第三节　双搭手法

此式如单搭手式之做法。惟以在后之拗手前出，各以掌心拊相手（即对面之人）之臂弯处，四臂相搭，共成一正圆形，以两腕相搭处为圆心，两人怀抱中所占据之部分，各得此圆之半，俨如双鱼形太极图之两仪焉。是为双搭手式。

第四节　单手平圆推揉法

两人对立，作右单搭手式。（一）甲右手手掌下按乙右腕，向乙胸前推。乙屈右肱，手向己怀后撤，平运退揉，作半圆形。手腕经左肩下向右运行，至胸骨前。（二）乙身向后坐，肘下垂，覆手贴于肋旁，手腕外张，脱离甲手之腕，还按甲腕。（三）乙手再向甲胸前推，如（一）之动作。（四）甲手退揉，如（二）之动作，亦成半圆形。往复推揉，俟熟习后，再习他式。此为推手法基本动作。左搭手式与右搭手式，动作相同，惟左右互易耳。

第五节　捋按推手法

两人对立，作双搭手右式。（一）甲右手手掌下按乙右腕，左手按乙之右肘，向乙胸分推作按式。（二）乙屈右肱，手向怀内后撤，平运退揉，左手拊甲之右肘后。右手腕经右肩下，向右运行，左手随之，向右下方屈肱作捋，双肘下垂。（三）乙双手按甲之肘腕，向甲胸前推作按式，如（一）之动作。（四）甲双手退捋，如（二）之动作。

第六节　单手立圆推手法

两人对立，作右单搭手式。（一）甲以右手掌缘下切乙腕（乙随甲之切），指尖向乙腹部前指。（二）乙屈肱，随甲之切劲，由下退揉，画下半圆形，经右胁旁上提，至右耳侧。（三）乙右手接前之动作，作上半圆形，伸臂前指甲额。（四）甲身向后坐，屈右肱，手贴乙腕，随其动作向身侧下领，至胁旁作前推势。

附注：此式可练习太极拳中倒撵猴及下势二姿势。如甲动作仿倒撵猴之势，乙即仿下势之动作也。

第七节　捋挤推手法

两人对立，作右双搭手式。（一）甲坐身立左肘，向后斜捋乙右臂。（二）乙趁势下伸右臂，进身向甲拊肘手之接触点前靠，并以左手拊内臑向外挤之。（三）甲俯身向前，以缓乙力，并横左手，以尺骨或腕骨搭乙之上膊骨中间处，使乙臂贴身，并以右手由肱内拊其接触点前挤之。（四）乙揉身向内走化甲力，坐身立左肘，向后斜捋甲之右臂。如（一）甲之动作。（五）甲如（二）乙之动作。（六）如（三）甲之动作。

121

第八节 单压推手法

两人对立，作右单搭手式。（一）甲右手贴乙右腕，向外平运，随即抽撤，翻手下压乙腕，仰掌屈肱，以肘近胁（肘弯宜成钝角）。（二）甲因前动作，仰手压乙腕，伸臂向乙腹前插。（三）乙随甲前进之力，覆手平运，屈肱退后随之。俟甲指将插至腹前时，吸身垂肘，翻手下压甲腕，如（一）甲之动作。（四）乙伸臂前插甲腹，如（二）甲之动作。左式同此。

第九节 压腕按肘推手法

两人对立，作右双搭手式。（一）（二）甲压乙腕前插如前，惟以左手掌指下按乙肘助力。（三）（四）乙退后覆腕抽撤时，左手掌心向上，仰捧乙肘，为不同耳。

第十节 四正推手法

四正推手者，即两人推手时，用捋、挤、按、掤四法，向四正方周而复始，做互相推手之运动也。作此法时，两人对立，作双搭手右式。（一）甲屈膝后坐，屈两臂，肘尖下垂，作琵琶式。两手分揽乙之右臂腕肘处，向怀内斜下方捋。（二）乙趁势平屈右肱，成九十度角形，向甲胸前前挤，堵其双腕，并以左手移抚肱内，以助其势。（三）甲当乙挤肘时，腰微左转，双手趁势下按乙左臂。（四）乙即以左臂挤推，分作弧线，向上运行，掤化甲之按力，同时右臂亦自下缠，上托甲之左肘，以助其势。（五）乙掤化甲之按力后，即趁势捋甲之左臂。（六）甲随乙之捋劲前挤。（七）乙随甲之挤劲下按。（八）甲即掤化乙之按力后捋。自此周而后始，运转不已，是谓四正推手法。

第十一节 四隅推手法

四隅推手者，一名大捋。即两人推手时，用肘、靠、採、挒四法，向四斜方周而复始，做互相推手之运动，以济四正之所穷也。作此法时，两人南北对立，作双搭手右式。（一）甲右足向西北斜迈一步，作骑马式，或丁八步。右臂平屈，右手抚乙之右腕，左臂屈肘，用下膊骨中处，向西北斜擓乙之右臂。（二）乙即趁势左足向左前方横出一步，移右足向甲裆中，插裆前迈一步，同时右臂伸舒向下，肩随甲之擓劲，向甲胸部前靠，左手抚右肱内辅助之。此时甲乙仍相对立，乙面视东北方。（三）甲以左手下按乙之左腕，右手按乙之左肘尖下採。同时左足由乙之右足外移至乙之裆中。（四）乙随甲之採劲，左腿向西南方后撤，作骑马式。左臂平屈，左手抚甲之左腕，右臂屈肘，用下膊骨中处向西南方斜擓甲之左臂。（五）甲趁势右脚前出一步，移左足向乙裆中，插裆前迈一步，同时左臂伸舒向下，肩随乙之擓劲，向乙胸部前靠，右手抚左肱内以辅助之。此时甲乙仍相对立，甲面视东南方。（六）甲左臂欲上挑，乙即随甲之挑劲，左手按作掌，向甲面部扑击，右手按甲之左肩，斜向下挒。（七）甲随乙之挒劲，撤左足向东北方迈，左手抚乙之左腕，右臂屈肘，向东北斜擓乙之左臂。（八）乙趁势上右步，移左足向甲裆中前迈，左臂随甲之擓劲，用肩向甲胸部前靠，右手辅之，面视西北方。（九）甲以右手下按乙之右腕，左手按乙之右肘尖下採，同时右足由乙左足外移至乙之裆中。（十）乙随甲之採劲，撤右足向东南方迈，右手抚甲之右腕，左臂屈肘，向东南斜擓甲之右臂。（十一）甲趁势上左步，移右足向乙裆中前迈，右臂随乙之擓劲，用肩向乙胸部前靠，左手辅之，面视西南方。（十二）甲右臂欲上挑，乙即随甲之挑劲，右手作掌，向甲面部扑击，左手按甲之右肩，斜向下挒。甲退右腿，双手擓乙之右臂腕肘处，还右双搭手式。是为一度，可继续为之。是谓四隅推手法。

第七章　太极拳体用概论

第一节　顺序

武技之传，多祖少林，而少林师徒星散，衣钵久失。尝见江湖拳勇之士，巧为附会，动辄自诩得少林真传，而不知广陵散已成绝响。即稍得其真者，亦分门别户，各自成家，兰蕙蒿莱，同生并植。溯流推源，渺无底据，国魂沦丧，甚可惜也。张三丰先生，既精于少林，复从而翻之，名曰武当派，世传即太极十三式也。黄百家为王征南传云："得其一二，已足胜少林。"其贵且重，可想见矣。盖武当之传，并传理论，故维系至今而不坠，惠我后学，诚非浅鲜。使徒尚形式，而薄理论，其不至于湮灭者几希。世之标榜提倡者，非漫然也，顾其体用何如耳。夫艺可分乎精粗，功有别于内外。内功练气，外功练力，力有时而穷，气无往不在。内功练劲，外功练着，着每出于有意，劲多发于无形。故力可穷也，着可尽也，惟气与劲，从吾心之所欲，顺天地自然之理，极人生固有之良能，技而近于道，不得以小道而忽之也。夫太极拳术，岂徒剽名为内功哉，其亦有其特殊之意义焉。然气之不易练，劲之不易懂，尽人而知之。则吾人习者，亦必有顺序而后可，兹分述之。

一曰气。太极拳，曷名内功，气为之也。人之于气，犹鱼之于水，须臾不可忽离，其重要逾于衣食。既知其重，则必保之使其充，培之使其盛，用之有方，练之有术，而后动于其中，现乎其外，浩然沛然，充一身而塞天地，吾人习焉不察，不自知其伟且大也。古今养气之说至夥，类阐其理而昧其法。孟子尚难言之，小儒申其咕哗，雕词琢句，以为骋其气，可谓不揣本而齐末者矣。人之生命，贵在有身。今之言健身者，首重运动，以为健其筋肉四肢则足矣。国术中以此为旨者，名曰外功，反之，以养气练气运用其气者，名曰内功。太极拳之名内功，实内外俱修，亦运动其筋骨四肢，惟以气为主。气充则身健，身健则志壮，配义与道，自可充宇宙而塞四海，与专主内练，若静坐等功者殊途。盖专练外功者，久则伤气，外强而内弱，失其平衡。专主内练者，筋肉涩滞，体蔽而神弛，戕其生意，其效与弊，未敢断言也。太极拳之为功，外则运动其筋骨，内则充实其气。练气之法，分呼吸与导引。呼吸法者，今人名之曰正呼吸，亦曰深呼吸，其法：吸时鼻孔吸气，松胸收腹，徐吸至胸内气满不可再容之际，即呼气。呼时气由鼻孔出，腹渐放出，至无气可呼而再吸，谓之一息，反复不已。须与身体手足之动作相合，内外始能一致。动作之范围，为上下、左右、前后、开合，手足动作之往复，呼吸相间，毫不紊乱。且同时以意运内脏之体积，随动作方向鼓荡开合以助势，是内外同时俱动也。虽起伏折叠，扭转变化，应呼应吸，丝毫无误。但呼吸与姿势动作相合，则姿势之动作，自然因呼吸而缓慢。故曰："运劲如抽丝。"缓练自能调息也。身体运动，内脏亦随之而动。在生理学，称内脏各部为不随意肌，因不能自行动作也。今使之动者，纯以气压迫伸缩，辅以意识，而上下左右之耳。其动作系各脏统一，无所轩轾，能增进其消化循环诸系之作用，而极端发展其本能，康强坚固，自无论矣。吾人有生百年之中，常为肢体手足之动作，其内脏之动作绝少。求健康者，皆知运动其身体是赖，虽外部运动，亦能牵及内脏。然缓和之动作，不足震动内部，激烈者，或且生弊，盖皆忽于内脏之运动，而未专意于气之作用也。今有人焉，内外兼修，日从事于脏腑之运动，其内部之健康，必大异常人，遑论其外。西人以深呼吸法为健康秘诀，其论仅及于肺部之发达。此则并及于内脏之全部，立意之高，功效之大，诚非他种健身方法可及也。然习太极拳者，未可骤习呼吸，恐于姿势有碍，反促成不规则之运动，而于进功程序上，发生不可思议之阻滞。故在初习者，必俟姿势纯熟，着法明了，彻底清晰拳中之理论后，始行之，以免顾此失彼，有伤内部。而气与身体动作内外相合之法，亦未可躐等而进。所谓"入门引路须口授"者，固慎之又慎也。初习者，于拳式初练之先或后，皆可单行呼吸法片时，以为将来加入拳式之准备。及加入之时，亦依式渐增，尤忌欲速生弊，第求其自然于不知不觉中能之，非勉强事也。

次言导引。导引法者，在上古医药尚未发明，人之病者，辄俯仰屈伸，以意导气，济针砭所不及。太极拳言气，而重以意导之者，即古导引法之遗意，虽具健身之意，兼含技击之应用。故练拳式时，气须着着到手，以通畅其血液，增长其膂力。《拳经》云："其根在脚，发于腿，主宰于腰，形于手指。"是即行气之路线。吾人顺其路线，以意导之，觉有物恍惚顺之而至，然不可断意，意断则不复觉。故练时贵于心静，心静则意专，意在于斯，气即随至。譬吾人闲居之时，忽专心注意于自身某部，则某部之感觉，顿异于其他各部，况复专意导引于斯乎？导气之时，丝毫不可有力，有力则滞，感觉立失。故须松静，专主一方。久之，意动则气动，至导于手，则觉腾然而熟。最可迅速感觉之者，厥为由背部腰脊，至于肩，至于肘，经掌沿而小指、无名指、中指、食指，如拇指有所觉，则为气全。练之既久，有不以意运之，而气可立至者，其应如响，其迅如电。在太极拳式，无一式不用意，亦无一式不导引。惟导引云者，非纸上之学说，必须习者自身经历而后可与言。非然者，或且目为妄诞，而鄙弃之矣。再有进者，气为人生根本，呼吸导引，皆所以尽其用也。呼吸法，前略言之，导引，尤须合于呼吸与动作，意之所至，随呼吸为开合。总之，动作、呼吸、意与导引，四者始终连带，合为一体，始则分而习之，终则合而致用充其身则体健，施乎物则事集，吾故曰：气充志壮，以道义配之，为圣，为贤，为英雄、豪杰。泽及当时，而德被后世，孟子贵养此浩然也。若曰健身御侮，尚浅乎视之矣。

　　二曰劲。劲字，释文颇多，用法各别，在国术范围，称有劲、无劲、劲大、劲小者，类以劲字代表力量。惟太极拳所称之劲，除作普通力量解释外，由功深练出之灵明活泼方法谓之劲。有意识之力量谓之劲。对敌变化之机，由感觉灵敏而察知者，谓之懂劲。顺敌之缓急进退，于动而未形有无之间察知之，且施以自然制敌之方法，谓之用劲。劲字之释义，大略如是，而其妙则千变万化，未可以言语论也。太极拳言劲，与他项拳术有不同。他拳多言着法，着法能用，即为成功，太极拳则着熟之后，尚进而懂劲，其立标甚远。故成功之后，不恃着而恃劲，此其特点。惟学者习闻运劲之妙，每致好高骛远，不循自然程序，劳而无成，可为致慨。为太极拳计者，应急固定进功之次序，以免歧途之误。今略释劲内所含之成分，亦可觅得其步骤焉。劲之为物，由着法与感觉共同锻炼而成。着法者，即拳术所具自卫御侮之各种方法也，着法各个之连贯练习，即为姿势，盖内功言劲，非不讲着，是着为劲之先，用着必合乎劲。以劲为主，以着副之。而练劲必先练着，练着之法，必求之姿势。故纠正姿势，不可忽也。姿势正确，则着之发必中。是则习太极拳者，应先求姿势之正确，次求着法之应用。就着而生劲，藉劲以用着。着法既熟，则由练习而磨荡其感觉。感觉愈灵敏，则自入于懂劲之域，神而明之，可以目听以眉语也。但不仅姿势、着法可以练劲也，由推手术推荡，以锐敏其感觉，尤为练劲之绝妙方式。故有谓习太极拳而不习推手术，与习外功者等，或且不如外功。

上述习太极拳之顺序，气为呼吸与导引，劲为姿势着法及感觉，已第其练习之先后，并著其包含之大义。惟气与劲，在拳中不可须臾相离，分析言之者，所以明练之懂之之方也。循序渐进，在乎师傅，行功由己，而由人乎哉。

第二节　明理

太极拳术姿势之运动，近之教授者，有数派之不同，渐生是己非人之卑鄙观念。虽一本万殊，各有短长，然得骨得皮，割裂堪虞。优于此者，必劣于彼，殊失一贯相传之意，胥至真赝莫辨，启后人疑信不确之心，数传之后，其不沦没者几希。求能折中统一，不偏不欹，集各派之精华，承内家之薪传者，无过于许禹生氏所著之《太极拳势图解》。关于姿势之动作、运动部位，与生理之关系、应用之方法，昭然若揭，虽无师可以自通。视彼故神其说，设词耸听，较此平易中庸者，自不类矣。盖习者骛于新奇，竞尚怪诞，致门户私立，有江河日下之势。吾人瞻前顾后，心所谓危，差之毫厘，谬之千里。昔有习太极拳数年者，其言曰："太极拳立论甚高，然按之数年之练习，于身体确能健康。至应用懂劲，恐涉空谈，非常人之所能也。"不佞闻而叹之，呜呼，是习者之过耶？抑教者之过也？讵非于太极拳理论及进功之程序，根本错误乎哉？不至生弊，尚其人之幸也。故习太极拳，须明其理论，悉其步骤，勿立异以为高，勿见异而思迁。

明理者何？太极拳者，内功也。其旨在引劲导气，故其体也主柔，其动也主缓。柔则劲不滞，缓则气可均，发于内而动于外。脏腑神经、五官百骸，动则皆动，静则皆静，神意气劲，相与为用，感而遂通，内外合一者也。故曰："极柔软然后极坚硬。"今人第见其柔缓，不究其所以柔缓之故，遂有改他项刚疾之拳术，而柔缓练习之者，且曰此内功也，非功深莫知其奥，大言不惭以欺世。诘以故，则不对，噫，此皆窃太极拳之皮毛，而不明太极拳理者之所为也！若以柔缓即为内功，则凡国术，无不可以柔缓练之，岂皆可谓为内功？是真国术史上之奇耻，而为通人所齿冷者矣。习者宜根本认清，不背原则，证以理论，免歧途之误入，成习惯之难改，虽后悔有莫及者。故初学姿势，即应慎之于始，勿徒然也。

姿势练习之当否，为教授者责任内事，其语繁琐，兹略而不述。但学者自应详加考究，勿轻易放过，以为不拘形式，可以成功，而昧其意义，尤宜加意于由运动所得之效果，而发扬太极拳术在体育上之价值。

太极拳所含之效能，概可分为三部：一、健身。二、应用。三、修养。健身之意义，完全根于体育之原理，已收效于世，人多能知之能言之。修养云者，修养其高尚道德，伟大人格，参证仙佛之奥理，盖入道之基也。前已论及。兹特言应用，亦可谓太极拳之一体耳。学者既熟习拳内之各姿势后，在理必欲探讨各式之技击方法，此盖人之常情。但此种方法，内、外家迥分两派，论者多以内家主柔，外家主刚，此说误人久矣。夫刚柔喻阴阳也，有阴无阳，何以圆其太极之理？刚柔互用，岂须臾离哉。论者见太极拳运动以柔为主也，遂并谓其应用亦尽主柔。运动主柔者，为气劲不滞也，应用有时而柔，乃柔其所当柔，非柔其所应刚。当柔则柔，当刚则刚，柔用化而刚用制，惟审于动静之机，则因应咸宜。而悉本乎虚静，虚则能容，静则能应。人第见太极拳似虚静胜人者矣，故谓其悉主柔也，讵知柔中之刚，有无坚不破之效乎？学者不察，遂偏柔而疲，中若无物，无所用其刚，亦无以施其柔，其弊何减于太刚则折哉！惟刚柔互用，而执其中，斯乃太极拳之正轨。夫柔不至于疲，刚不至于折，因力于敌，分合而变化之，其权在我，何有痕迹以见于外，固未可断其刚柔也。有谓初习太极拳，每失之过，及稍懂劲，则失之不及，是诚经验之谈。盖未习此拳，或曾习他拳者，多不知柔劲为何物。故初习之时，不能如法以行，遂于无意中，贯以拙力。其运用毫无是处，迨稍进步，则又矫枉过正，以偏于柔，乃于对敌之时。而有过与不及之现象出矣。然则太极拳者，世所称为内家者也，其不同于他拳者究安在。《张松溪传》云："内家以防人为主，外家以搏人为主。"考之《太极拳经》"舍己从人"之意，其说近是。而在拳法、着劲之应用，亦每主于防人。防人者，以守为攻，如桓温之善搏，有必得之意，搏人则或失之疏，而又偏于太猛。故习太极拳技击法，必去其轻浮刚猛之气，而入于清静无为之域，就有形之着势，研究其动静虚实之变化。身、势、手、步，一气贯串，上、下、左、右、前、后，刻刻提防，如临大敌，如履薄冰，毋使拙力，毋用猛劲。练习时如此，对敌时亦如此。务令逞自然之状态，而后能成自然之懂劲。故先达云：练习时，无人如有人；遇敌时，有人如无人。其心小胆大之意，吾人当奉为圭臬。惟天下之静者，乃能见微而知著，以此锻炼，不难迎刃而解也。

习太极拳者，时至今日，几成为一种应时好尚，为健身而练习者居多数，人方喜其普及，余则忧其失传。能者愈多，价值愈下，健身而外，几不复知有技击之妙运。从不见有显其身手者，声誉且将下于其他拳术，直以运动身体之一种方法视之矣。其大故有二：学者轻视或不明太极拳之价值，而不作深刻之讨论，一也。教者仅以姿势塞责，或示之四正推手，任其自练，以为从此可以懂劲，结果丝毫不能应用，反受制于敌，二也。有此二因，已足落美誉于千仞之渊，为人轻视。况或不但此二因耶！天下之理，凡近者易达，高者难及，然若以其难及，遂抹煞其高，乌乎可也。太极拳成功不易，非真不易也。夫以学者日常片刻之刻版练习，不求精进，何能达于成功。而况教者无适当之步骤，学者无勇往之研究，虽有数年之功，与未学者何殊？他拳之教练法，固亦鲁卫之政，然尚可手足活泼，体力速增，搏之慢不敌快，弱不敌强之理，则他拳胜，而太极拳败。宜也，非太极拳不胜也，其人固未尝知太极拳也。以其人之挂名于太极拳，而太极拳遂被其累，冤煞太极拳矣。今欲立反其弊，须有研究之步骤与方法。虽不可一旦及于神明懂劲，亦可熟应用之着，为太极拳一吐其气。所谓图王不成，犹至于霸也，何遽为人所轻视哉。

太极拳研究之步骤与方法，不佞尝受教于良师益友矣，不敢自是于己，或亦有补于人，兹略论之。

（一）太极拳应敌之方法

一曰化，顺敌之力，而柔化之，使不加吾身也。

二曰发，化敌之力，使之落空，稍定，即顺其回力之方向，而掷发之也。

三曰击，化敌之力，致出隅者击之，或乘敌空虚弱点，不防不及之处，而击之也。

以上三者，可包括拳中各法。惟太极拳特重于化与发，而于击法，间亦用之，故今之言者，分为三派之不同。吾人应于此三种方法，作分析之研究，凡各种应敌方法，或着或劲，属于何法，第其先后，作实际应用上之练习。

（二）太极拳应敌之部位

一曰上盘，肩以上，头部是也。

二曰中盘，肩以下，胯以上，躯干部是也。

三曰下盘，胯以下，至足部是也。

以上三盘，可包括人身之全部，敌与我皆有之，我能制敌，敌亦能制我。他拳尝有分练之说，然只注重攻人。太极拳则根本即含攻防两种方法，应分攻人与防人。拳中某式某法为某盘，系攻系守，宜详分别，则可得上、中、下三盘之攻守方法各若干，可择而用之也。

（三）太极拳用以应敌者有三
一曰掌（附指）。

二曰拳。

三曰脚（附腿）。

以上三者，可包括拳中应敌所需之物，然肩、胯、肘、膝，无不能用，惟皆所以助此三者之不及。而三者之中，尤以掌为重，因本拳术重在发人故也。吾人研究之法，宜详分开于掌者、拳者、脚者之应用，各得若干，就其便于己者，不懈而练习应用之也。

（四）太极拳之手、步、身法
一曰手法，应敌之各种方法也。

二曰步法，进退左右，用步之方法也。

三曰身法，扭转顾盼，俯仰屈伸之方法也。

以上各法，互相联贯，不可单独应用。太极拳之手法，其劲有八，散见于拳路之中，其变化之妙，可以尽天下之数而无穷。步法有五，而功用至巨，盖所谓五行变于足，八卦运乎手，凡一举动，无不如是也。上下左右前后起落，身势随手、步而变换，手、步随身势而转移，刚柔动静，倚伏相寻，是以言身法不能离乎手、步，亦不能舍身法而言手、步也。手法之变化，固不可方物，至步法之上、下、进、退、坐、卸、顺、拗、开、敛、跟、曲、翻、斜等，身法之起、伏、进、退、蹲、斜、转、翻、披、贴、靠、闪诸法，皆随手法以为用。惟须分别研究，单独练习，而后可得拳中各式所具之独立精神，以达于熟着懂劲之域。

总之，上述研究之步骤有四，其成功与否，视人之功行而定。信能行此四者，可以升太极拳之堂矣。惟尤当抱定太极拳之各种原则，以免流为外功之尚着恃强，反变其本来之面目焉。尝闻昔之精技击者，精其一着，遂无敌于天下。似不贵多而贵精。然必经过极深之研究经验始能成。非无意识之盲练可收效也。乃至于无敌，则必有大过人者，而人多莫察其奥，实即由着熟而懂劲者也。设若习之不专，何能有如此之现象哉？故习太极拳，并无异于其他拳术，惟须发扬其独到之妙，先由姿势以求着，复由用着以生劲。虽一手一指，尽能自卫制敌，而不待着法之辅助，是为能用其劲。洵非顺一定之步骤，持之有恒，成为习惯，经实际之操战揣摩不可得。若徒标高名，无步骤可循，是欲其入而闭之门也。学者于上述四者，有相当之研究后，更应就性之所近，心之所喜，各择一法或数法，日常练习应用之方，其成功至速。虽至少有一着之精，因是而豁然贯通，顾非所以表现其真精神也哉。

第三节　辨虚实

对敌之方法甚多，然不外奇、正、虚、实而已。太极拳式式之中，着着之内，均可包含此四者而无遗，而尤以虚实之辨为最要。但辨也者，非仅辨敌人，先须辨自己之虚实也。辨人不易，辨己亦难。学人不察，多以不知敌之虚实为难。而舍己不论，殊不知己急其所缓，缓其所急矣。夫人苦不自知耳，知人何难哉！观《太极拳经》之言曰"人不知我，我独知人"，非明证乎？然则知人之方较易，惟我能自知，方能人不知我也。自知之法，先辨拳法虚实，而太极拳极阴阳变化之能事。"一处自有一处虚实，处处总此一虚实。"甚至以着言之则显，以劲言之则隐，吾人于此有无显隐之间，知所措意乎？尝按太极拳对敌之法，以舍己从人为原则，其要在粘黏，而贵近身。与他拳先发为强，远击偷打者，或同或异，故虚实不必现于外，惟随敌人之虚实而反之。敌虚我实，敌实我虚，或敌虚我亦虚，敌实我亦实，随机应变，不可执一而论。他拳纯尚着者，其虚实显着，所谓一手只有一手，发而不中，即须变着，变化之间，大费周折。太极拳粘黏之后，随敌变化，无待于移势换手，瞬息万变，纯就敌人之虚实而应之。功夫精纯者，无意而皆意，不法而皆法，每不自知其所以然。其运化之妙，如云出无心，其虚实诚不易知。然此种境界，非可一蹴而至也。《拳经》云："虚实宜分清楚。"学者细味其言，应于每式每着，一开一合，一进一退，作详实之探讨，为实地之实验，即可了解一处之虚实。继而全身动作，只分一虚实，所谓"处处总此一虚实也"。初则为虚为实，出诸有意，再则虚者实之，实者虚之，变化无垠。终则当虚自虚，当实则实，虚虚实实，实实虚虚，浑然而为太极之象。进功之难，固矣，则其虚实，人必不易知我也。人不易知，则胜券可操，从吾心之所欲矣。知人虚实，其法以辨其容色举止，进退伸缩之方，其结果可得十之三四，如所谓腿起肩斜是已。然此悉恃耳目之观察，心理之猜度，得失参半，何可尽是？最妙在一黏敌身，即恃感觉以辨其虚实，接触之处，物无遁形，动静刚柔，瞭若观火，稍触即发，悉逢肯綮。攻防常相倚伏，虚实互为消长，此太极拳懂劲之特长，所异于他拳者。然非舍有形之观察，尽恃懂劲。要于观察审慎而外，以灵觉代替耳目，取长补短，内外兼施，阴阳相济，非仅借耳目以判断得失。故必能静而后能动，能柔而后能刚，知己知彼，而其方法则在乎练。兵法有云："知己知彼，百战不殆。不知彼而知己，一胜一负。"然则知人之方，从知己始，若己彼皆不能知，而欲克敌胜任者，何异求鱼缘木者哉。

第四节 明攻守

尝谓太极拳以防人为主，然亦视敌方之何如。譬双方均已备战，而同取守势，则可不战乎？必不然也。盖防人之旨，不施猛烈之笨进，免为敌所乘，利敌之瑕而击之，孙子所谓"善战者致人，不致于人"是也。斯乃对敌万全之策。攻人者，攻其要害，攻其弱点，攻其不防，攻其不及，非漫无意识之进攻。守者，守己之要害而已。难顾之处，或强以慑之，或弱以诱之，而紧随攻着于其后。《搭手歌》曰："彼不动，己不动；彼微动，己先动。"诱敌则敌未有不动，敌动则己未有不知，非谨守不进之意，故攻与守，一而二，二而一者也。有时以守为攻，寓刚于柔之中，使敌不防；有时以攻为守，置防于进之内，使敌难逞。其着其法，在于引敌于五里雾中，使不得施其计，而吾乃可策万全。但攻时注意于严防，守时分心以待攻，此尤学者之金科玉律，不可稍忽。惟须平时练就此项精神，于无意中运用自如者，是为得之。虽然，仅发其理，未言其术也。太极之动主柔，而重于黏敌始生其效用。与刚劲遇者，每被攻入，不待粘黏敌身而己已败。攻人之法，又非所擅，此今之学者之通弊，若必与敌靠手而用，诚无此理。且他拳有重远击者矣，知精习腿者，类多不令人近其身，因近身则腿难用。亦有以开展势击人者，近身则失效，分而论之，对敌有远近之别，利远不利近者，他拳之弊也；利近不利远者，今之习太极拳者之弊也。往者尝主办国术之对试矣，双方皆取攻势，昧于守法。瞬息已近身，而彼此以刚抵刚，揪结不解，十之七八如是。太极拳之贵近敌，岂且非鉴于此弊而然耶。其所以高尚一切者，抑岂非能利敌之瑕而胜之耶。而今则不然，且病其远，不待近而己败。吾将曰：近亦败也！推究其弊，实病于柔，而不以远。夫以远胜敌者，拳法之次焉者也。悉恃着而不知劲，胜负之数，以耳目之观察，力量之大小、手足之迟速，可以判矣。焉有讲劲之妙如太极拳者，而反为之败。太极拳鉴于远手之不可恃，而为近身之揣摩，近身能胜敌，远不足虑。对敌之时，瞬息即近，近而能胜，则全胜矣。其败于未及近身者，即近身亦必败无疑也。就各家拳法论，利于远不利于近。远则易于变化，进退自如，虽不胜尚可闪避，不制于敌。近则不胜必败，欲遁不得。以其未习于近，远法不能近用也，利于攻不利于守，其意亦复如是。太极拳反之，正应用我之长，击彼之短，乃不待近而已败。故吾以为其弊在柔，柔者偏于守而昧于攻。拳术用步，有死活之称。一般习太极拳者，素多死步、死步之用，主于黏而守之。四隅推手用活步，活步之用，主于随而攻之，是攻守各有其宜。今人死步待敌，名为主守，而被敌攻破。诿谓未及黏敌，然则何以名为守？若以素不擅长之攻法对敌，不问可知其败。是则守亦败，攻亦败，太极拳其无用矣乎？不然，此学者误于主柔，成为习惯，其弊固与远近无关，其程度亦未足与言攻守也。矫正之道，先分刚柔。大略击人发人之时，其劲多刚；化人之时，其劲多柔。有时刚柔各半，有时柔多刚少，悉视应用之当否而定，未可空论。习之既久，自可得其妙用，然后于攻守之势，可得而言焉。攻守之术有三，曰：待而迎之，诱而致之，攻而取之。待而迎之者，守势也，作势待敌。太极拳中多以手挥琵琶势之抱手，为开始与敌接触之势，平时推手亦如之。此势上、中、下三盘皆可保守，他拳亦多有用此势者，惟步法稍异，待敌手至而迎接之，则黏粘敌身矣。若粘之不及，即变他势，随其来手格拦以走。敌若离身或仆倒，我则仍恢复抱手势，以此势易于变化各势也。诱而致之者，敌作势不进，我採其虚实，诱之使进也。经常亦以抱琵琶势之前手，扑击敌首或胸。此为虚手，敌必以臂上迎，顺其臂而粘之。应用何法，其权在我。惟扑击时，前手劲须含下沉之意，免被敌挑起，后手紧护前肘及胸腰各部，防敌突袭。惟扑敌首部，易制敌臂，击胸则稍次耳。或我手一採即回，敌手出则粘之，此尤迅速灵动也。攻而取之者，先发制人之计。通常以挒手当先，简捷无比，但此运用之妙，在乎人，不必以法拘之。总之，无论为攻为守，出手务须外柔内刚，先防敌之猛冲，宜用掤劲以迎之，至已接触，则可随所能而变化焉。又有对敌之初，前手作云手之运行，后手作搂膝手之搂膝，循环不已。速度至快，远望之，若两环护身然。兼用游动步法，敌遇之者，无法突击，及一近身，则粘黏之矣。此亦习太极拳者开始应敌之第一法。尚有取海底针式待敌者，则逊此多矣。详考太极拳各式步法，如长江大河，有进无退，即退亦于退中求进。所含应用之方，粘走相济，不外"攻守"二字。决无死步以待黏敌之说，即已黏敌，亦决不能尽用死步，又何可以平时练习四正推手之死步，适用于变化尚不可测之敌。盖平时之练习，不可必实际之应用，所贵学者作进一步之研究。因敌变化以示神奇，勿拘于一隅之知，胶柱而鼓瑟。以柔克刚者，今且为刚所克矣，盖柔其所不当柔，而未达刚柔相济之妙运。吾故假攻守之意，以为此说，望有志钻研着劲之士，作实地之试验，改弦而更张之。

第五节　知机变

尝闻之许公禹生之言曰："国术乃人所编创，先觉觉后觉。"斯言也，实足破学者畏难之心，启迪其固有之良能。然若视为甚易，则必流入似是而非之境，或乱参己意，失原法之真精神，反不若墨守成法之为愈，以古为师，尚不至成野狐禅也。但古人式法，只具大体，得骨得髓，各有进境。同师而学异，非传法有异，人之秉赋有不同，故所得各异。有力者恃其勇，轻捷者恃其敏，犹牛之角、马之蹄、虎豹之爪牙，各有其利也。然皆偏也。求全才者，利悉备焉，虽毫发之微，无不尽其用。以古人为经，而己为纬，索隐搜奇，不遗毫末。惟显者易知，幽者难测。静为体者，动而为用。静伏其机，动含其变。欲执简以御繁，寻根而振叶，然则机变不可不讲也。天下事必有其机，相机以观其变，非轻浮气躁者所能为。况国术为卫国防身之基础，常遇一发千钧之危机者乎。言机变者，非变化古人法式也，在拳式中作进步之探讨，推衍所至，必得其源。若命名也，或属直指，或属寓意，或属象形。若言劲也，或化而掷，或掤而按，或採而提，或攦而挤，或粘而发之，或捌而击之，须先就立意所在，而揣摩其法，静守其机，动究其变。现于体者，能否适于用，则可知一贯之传，其间更变得失之所在矣。动于用者，是否合于体，则可知万殊之法，其间推衍进退之所由矣。而后以吾之所得，作实际之应用，始则诱引拟合，继则得失参半，终则所发辄中，在太极拳名为"熟着"之功。然此着之动，必有其机，彼着之来，必有其变。故必知敌之变，而扼其机，审敌之机，而制其变，其要在有后人发先人至之巧，乃能得制人而不制于人之效。虽然，知机而变，敌我同具之可能性，惟此种能力，所发各不同，缓急之间，胜负分矣，着法之不可尽恃，于兹益信。《太极拳经》所谓"动急急应，动缓缓随"，非以懂劲为机变之公式乎！观敌进退手、步、身法以为知机，此现于外者也，其法须于拳式之变化中，式式求之。能随敌而缓急如意，寓机变于无形之中者，为上乘，是在人之自为而已。

第六节　审诡诈

兵不厌诈，振古如兹。云出无心，于拳为烈，故有声东击西之谋，指南打北之计。语云"上打下踢皆是计"，各种拳法，无不奉为秘诀，以为对敌制胜之唯一计划。在太极拳亦有之，然于虚、实、奇、正之中，已包括无遗。今试就上打下踢举例言之：进步栽捶式，上击敌之头部也。在着法方面，我以左手扣敌右臂，以右拳高举右鬓侧，作欲探击敌面部之势。敌被惊后，必挺胸抬头，以左手上格。一转眼间，我拳已下栽其腹矣。若在用劲方面，则敌若握吾右腕，即顺其扣劲前栽。此式应用，似上打，实下打也。双风贯耳式，亦上击敌头之法。敌若上格，即用进步蹬脚以伤之，此似上打，实下踢也。若以披身踢脚式踢敌，敌若格拦，即以双风贯耳式击之。此似下踢，实上打也。此三式所以接连演练之故，以其相与为用也，但仍不出虚、实、奇、正之范围。用之能否得当，乃视其人之功行而定，未可以诡诈目之。余常谓拳术之真传，决无诡诈，而欲知其是否真传，概论之可分三等：以艺胜人者为上等，以意胜人者为中等，以诡诈致用者为下等。何谓艺？懂劲熟着，运用自如，所向披靡，全不着相者艺也。何谓意？所学着劲，未至精纯，以法拟敌，得失参半者意也。何谓诡诈？别无真艺，自我为师，鬼蜮含沙，以求侥幸者，诡诈也。上焉者，自然成功，即不欲成功，功亦来逼之。譬吾人牙牙学语之初，始愿未尝望今日之亹亹侃侃也，因其所学之无误，积以岁月，自然以成。当广场华屋，高谈雄辩时，岂复自幸其由牙牙以惊四筵之成功哉！故虽孱弱之子，苟得其真，而不惜研究精进之光阴，可保证其成功，非奇怪事也。中焉者，亦尝能以拳法胜人矣。惟无老到之功行，如文笔久荒，措辞乖意；如书生骑马，左支右绌；有意用法，而法不如意。此则犹能达到成功之域，惟尚待精密不懈之功行耳。下焉者，以教者视艺如金，或艺非真传，以致学者得艺甚难。除实事求是外，无特殊之秘奥，且并其原有而失之。故有谓师傅拳艺，必留最妙手法不肯授人之语。此等欺人之谈，适足自暴其陋。夫不传，即始终不教之耳，何必只留少数手法？如为真传，则一着一势，即可称雄于天下，又何贵乎多？但此种传闻，实为自绝其传之工具，以致后世愚夫，遂真秘其要点，不以示人，而国术一道，渐就沦亡。或以为专制时代销兵铸金政策之一种，愚者不测，遂自就灭亡，是或然欤。然而学者以无所得故，于是师心自用，妄立法门，甚至于谈笑之间，冷手伤人，或藏暗器，或扬灰土，设陷埋网，无所不至。此为疆场对敌，警军捕盗之计划，施于国术之中，人方矜其周密。噫，如此胜敌，曷名为武？夫取诸其身者，谓之真艺，假借他法者，胡不备手枪以杀人，此以少数之金钱能为之，又何待数十年之苦功哉！目之为诡诈之方，尚优视之。学者，务孜孜于真艺实功之研究，而勿趋于异端也。夫审敌势，察敌情，虽关胜负之道，然属诸人事，岂徒对敌为然哉。天下万事，无不应循此理，太极拳何能外此例。惟真意所在，实以具有之特长，与独到之功行，而克敌制胜。故声东击西、指南打北之计，皆列虚、实、奇、正之内，而发于自然，毫不加意于其间。若诡诈者，谓为应变之术，以防敌之诡诈可耳。惟我即不用，不可不知，又安能必敌方之不用乎？世之习国术者，以诡诈致用，所在多有，与功行虽无关，然比比者不防者，辄蒙其害，以堂堂正正临敌者，其亦知所审察也夫。

第七节　务实用

学国术志在致用，然竭毕生精力，劳而无获者，为数当不在少。推其所以然之故，约有数端，而以徒沽虚名，不务实用者居多数。学太极拳者，亦何能逃此例。有解之者曰：今人皆以太极拳之运动柔缓称便，不背生理原意，即为健身而练习，志不在用，故不须计其有无所获。余应之曰否。专为运动者，则运动之方法甚多，何须致力于太极拳？若以太极拳为运动妙诀，专意为之，亦未有不能应用者。譬吾人当童稚之时，苟因唇舌不灵而学语言，虽名曰运动唇舌，然久之自能习成语言。若所学非语言，则其终不能语言也必矣。是故劳而无获者，因冒习太极拳之名，而不务太极拳之实用也。其中仅知拳式不明应用者有之，明应用而不作实际之探讨者有之，徒标虚名，无益于己。更或好为人师，妄言不惭，自欺欺人，莫此为甚。以致好学之士，反疑拳法无用，见异思迁，岂非为不务实用之辈所影响耶？不佞兴念及此，恧焉以忧，爰将实用上应注意研究之方法，摘述若干，分类举例，以引起专攻着劲者揣摩致用之兴趣。亦行远自迩之意。举一反三，在智者之自修，余详散手篇中。

一、开合。进退、上下，阴阳、刚柔，皆相对之名词，在应用亦相对联用，所谓开合劲也。初习拳法，于各个姿势有得后，首宜习开合劲，此为循序渐进之初步。凡前后左右上下之往复，皆属开合，而于应用上亦无不合理而中的。

1. 揽雀尾式：擴敌之臂以散其劲，继即为挤手或按手；向上掤敌，继即为推切手或按手。

2. 上提手式：搭敌臂内合回撤，继即提击敌头部，顺手搬扣敌腕，使之前倾。继即运劲于腕，向上提击。

3. 如封似闭式：格拦敌手，顺劲撤化，反手前推。

4. 手挥琵琶式：顺敌来劲，撤化前推。

上举数式，其劲变化繁复，然不能出开合往复之范围，正所谓"一阴一阳之谓道"，即此例彼，已可概其余。《太极拳论》云"有上即有下，有左即有右，有前即有后。如意要向上，即寓下意"云云，此种练习与应用，皆顺人生自然之反应动作而为之。初学应用，只致力于开合二劲，能知随敌之反应，则知所以粘走，千变万化，皆由此生。如求合于实用，则于演练时，须以全力注意为之。设练揽雀尾之擴揽，其意若揽定敌臂，擴散其劲，复知敌之被擴必回撤也。当擴劲未毕，已伏向前挤按之劲，久久存心演练，窥其用意，不求进功而功自进，各式演练，均综此意为之，复加以推手术摩荡以察敌劲。凡各种着劲，循序渐增，自可合于实用也。

二、用着。前述开合劲，乃演练与实用初步根基，不关任何一式。所举数例，仅为证明各式皆具此种阴阳相济往复之劲，吾人应逐一研究之，以为进功入手之方法。此言用着，即专举各式之应用，以讨究对敌致用之着法也。仍按"明理"篇所举，分为掌、拳、脚三者，而略述之。

1. 掌

搂膝拗步式：此式用拗步，而以掌击敌，掌之应用，分扑、击、推、按数劲。下搂之手，属于防敌；前击之手，属于攻敌。又可左右搂打，在掌法最为重要，有战无不胜之称。其用法甚多，兹言其要者。凡敌手进入吾圈内，即以搂手旁开，以拗手直扑其面。敌他手来防，即顺劲下搂，以前之搂手，作扑击手击之。若搂开敌手，以拗手横贯敌头，敌他手来防，即以横贯手下搂，而以前之下搂手转上横贯之。此种着法，一为直扑，一为横贯，其妙在不论敌用何种方法来击，皆能胜之。以此式根本一手为防，一手为攻，其发手之迟速，视敌手之缓急为标准，而每能后发先至，连环不绝。昔有同志致力于此着五年，已所向披靡，能御之者鲜矣。习太极拳者，多不知着，或不重视，以简而忽之，甚可惜也。

手挥琵琶式：此式化人、发人、击人，各法兼有之。设我腕为敌所执，即顺其执劲，向内或向外画半圆圈，敌劲自化，我腕自脱。化敌手后，进手推搠，即属发劲。如当敌手击来，顺其来劲攦之，或向斜后方攦之。敌一前倾，即下扣其臂，而以掌向上扑击其头部，或中击心窝，或下撩海底，皆足以制敌死命。昔曾有用以致祸者，未可轻易逞快于一时也。

斜飞式：与敌手相搭，如为拗手，即以顺手搬扣或挑起，随以拗手击敌头部。如敌他手格拦，即缠捋其腕，腾手下击敌小腹。敌再下防，则变上提手。此式以反掌击敌，腕用刚劲。

以上三式，对于掌法之上、下、中、左、右各用法，俱包括之，扑击、推按、贯撩等劲，亦俱完备，最便初习。

2. 拳

搬拦捶式：太极拳有五捶，而搬拦居其一。此式应用，分上、中、下、左、右、前、后、中八部，专主打击，向里搬扣敌手为搬，向外格拦敌手为拦。上、中、下、左、右者，拳击之部位也。前、后、中者，进退及原式不动之步法也。应用时，有先搬后拦，有先拦后搬等法。设敌右手击来，即以左手搬扣，右拳前击，敌手外逃，即顺劲拦之。如当搬扣前击时，敌左手来防，即以搬扣之手向左拦架，吃住敌肘上，右拳撤回再击，此先搬后拦，两次击捶也。设以左臂拦敌右手，以右拳前击，敌若以左手下按吾拳，即顺劲以左手下搬。此时敌右手被拦，多反应下按，吾用搬手，决不顶劲，右拳仍系撤回再击。此先拦后搬，亦两次击捶也。综上述两着，皆为两次击捶，在实用上，一击不中，再击无不中者。此中大有研究价值。盖一击之时，敌每以全力来防，不及则击中。如已防之，或用力太过，当时吾若二次连发，敌不虞同时同法之再击也。且变化甚速，胸有成算，久之自成习惯，故同法再击，如不失机，多能命中也。上、中、下、左、右搬拦捶，以所击之部位不同，则继用之着法有异。击敌头部之谓上，继用如封似闭式最宜。击敌胸腹之谓中，继用扇通背式为宜。击敌小腹之谓下，继用抱手式前推，或提手为宜（敌右步在前，宜用提手；左步在前，宜用抱手）。斜进左步，以左手向右搬攦敌右臂，以右拳击敌右胁者，为左搬拦捶。用左手搬或拦敌之左臂，以右拳击敌左胁者，为右搬拦捶。至若进步、卸步，或原式不动，则所谓前、后、中也。太极拳单式练习法，更全部分左右之应用，此则仅就原式，以左手为搬拦，右手为捶耳。吾人一式一着，务求实用，以人试验，苟为习惯，则于应用时，不知其然而然，莫之致而至，神乎技矣。

别身捶式：此式着法，重在别身，而以擒拿法之应用解破为主。经常相互交手，每遇顺手被擒，人多以寻常走劲之法，向外化走。此式之解破，设右腕为敌左手所擒，随其下按之劲，以左手扣其手，折回右臂，向左胁后撤，成肋下交叉手。此时敌臂直伸，吾即以肘抢压其臂，敌必负痛自倒。然后再以别身捶反背击敌面部。他拳有此法，名曰抢臂，但恃力下压。此则先化敌力，而后抢压，固毫不费事也。以上两式，仅举其大致，研究拳之实用者，应从此始。

3. 脚

分脚式：向左右以脚踢敌者用此式。无论粘近敌身与否，皆可用。譬敌右手来击，即以右臂向外挑掷，起脚踢敌右胁。此法简而用无不中。

披身脚式：此式当实用时，注意后步向后移动半步，所以闪避敌之猛冲也，披身以卸敌劲。待敌手至，即向外挑掷，起脚踢之。

蹬脚式：敌手高来，或以高手击敌之时，皆可用蹬脚，不限于任何姿势。

摆连腿式：设敌猛力直扑，或两拳连环进击。吾俟其左拳来时，顺其来劲，双手向左后方闪身擓撤，同时向右后方旋进左步，转身起右腿摆踢，敌多被伤或仆倒。

上举用脚用腿数例，亦初习所宜先致意者。凡用脚之法，多为及远，或敌多人，尤须轻灵不滞。

三、用劲。太极拳言劲，为独具之特长，然劲必由着中求之。前言开合为劲之一，但有意可循，易于揣摩，故致力于演练姿势，久而遂成，大多数能合应用。其各种劲，多随时发生，不可固定，悉随着法之变化，而劲亦变化。是以研究用着之法，即为研究用劲之法。谓"由着熟而渐悟懂劲"之语，可以知之矣。略举数例于次。

1. 掤劲

与敌接触之初，出手应隐含掤意。掤者，向上之劲，外柔内刚，向上可掤起敌人，向前可使敌难进，用劲有度，过与不及皆非也。设与敌拗手相搭，敌如有上步意，其机一动，我即迎而掤之。敌不惟难进，其他手虽来，亦不能得势，或竟失其重心。我若变捯手，或按手，或掷，敌多有倒者。再，掤劲防敌之猛冲及锁捆等法最宜，为交手之先锋劲。用掤之后，随敌力之方向，或发，或捯，或按，或击，惟心所欲。但化走敌劲，切忌仅用两臂膊，须全身变化，所谓"一动无有不动"也。不论演练与实用皆如此。若仅用臂腕化敌，苟或丢顶失机，必为敌制。故狮子搏兔，亦用全力。其他各劲，亦莫不应以全副精神由之。至于拳式中，凡向上之拦、架、挑、拨等劲，亦皆统于掤劲之内，因时而用，应自求之。

2. 捋劲

顺敌来劲以捋之，不限于向后，凡感觉其劲所至之方向，而能用捋法者，皆可捋之。经常用掤劲、按劲，而引起敌之反应顶劲，最适于用捋。故用掤、按时，其继用之法，应预伏捋劲。譬与敌交手时，如我手已按及敌身，或掤敌臂，敌之不省柔化者，多挑架拦格。我则顺其来劲，可充分发挥捋劲之能力。捋劲得手，则依次继发之手，每轻灵无滞，而不费力，深合"引进落空合即出"之定义。如敌来劲不适于用捋而强捋之，虽亦有时胜敌，谓之用力用着可，谓之用劲则不可。盖用劲懂劲者，无丢顶之失，用力用着，则不免焉。故用着苟至于熟，丢顶之弊自去，一跃而入于用劲懂劲之域者，是为大成。其研究进步之功，盖皆不外若是之路径也。今举捋劲为例，凡捋劲、领劲、拉劲、带劲等，日常见于交手间者，皆属之。研究实用者，当分析揣摩之也。

前述研究用劲之入门方法，以掤、捋两劲为例。其余各种劲，于八劲之外，为名尚多，贵在实际探讨，勿轻易放过。至着手之方，不妨自定。而就正之道，责在诸师，特标鄙志，颜曰务实用。

第八节 识时势

兵法亦有言夫时势者矣。盖料敌进退，趋避攻守得其宜，此对敌者分内事，以言乎时势又高一着焉。譬遇敌于荒野之间，或器械相击，或徒手相搏，其胜负之关于手法者十之七，系乎时势者十之三。如清晨相斗，宜背东而面西，所以避日光之照耀也。雨后互击，宜择干而避湿，所以防泥泞之滑跌也。他如观风向、察地形，尽吾力之所能，防意外之失败。在太极拳以防人为主，固不仅限于交手以后也。故斗于屋，惟进退之难易，器具之碍累是审。战于市，惟敌方之党众，旁观之趁手是防。勿骄勿急，骄必败，吝必失。几若置身天地之外，镇静萧闲，视人世一草一木，均为吾作战之利器，则胜负之点可决其半，孰谓拳法不及兵法乎？是以审时度势，以补着劲之穷，事虽无关于功行，情实有系夫胜负。"支撑八面""我独知人"，苟或不然，虽功行优异，着劲精熟，而败名丧身，亦指顾间事。标举要义，以告同人，其余琐屑，不复缕列。

第九节　禁骄吝

国术界之门派，画若鸿沟，自昔已然，虽经融合其专长，化除其私见，而积弊所在，贤者不免。余尝谓国术之失传不振，由于国人之鄙弃；国人鄙弃，在乎武德之不重；武德不重，基于门户之见。可知门户争竞，实自绝其传之工具。而最显著使人鄙弃者，除人格卑下外，厥为一骄字。非自己鼓吹，即称述其门派之盛，艺术之高，以至师弟辈之功行，如说评书者然，奇说怪诞，不可一世。有识者，掩耳嗤鼻，无知者，瞠目咋舌，于是同道相忌，互相标榜，而主奴污附之见遂起，又乌得不遭人之白眼，致人之鄙弃哉！夫各门国术之传，各有其精华独到。创此术者，亦自有其身价，无待今人为之宣扬，吾人以有限之精力，未足博研众长，故专学一门以求深造，同为学术耳。凡肇始发明之者，皆应致其敬佩之诚，亦何有亲疏厚薄于其间乎？无所用其代为称述，更无用自行鼓吹也。今之习太极拳者，多忽于义理之研讨，而于姿势之大小文武，妄拟派别，自相水火，同门尚不免人我之见，况其外之门派乎？日以化除门派自号者，不自知其躬蹈之，盖是已非人之念亘于中，而攻讦倾轧之举交乎外，徒十分表现其井蛙之见。乃复以术自私，深自秘惜，不轻示人，故从学之士，衣钵谨承，于骄字之外，更增一吝字，国人因此而鄙弃，斯道将至于式微。夫以周公之才之美，骄吝则不足观其余，矧以一艺自保，而敢骄且吝哉！况技艺一道，自昔即代有名手，深山大泽，实生龙蛇，芸芸众生，既未可以貌取，尤未可以力相量也。当今海禁大开，万国互通，科学昌明，体育精进，拔山扛鼎之士，空空妙手之人，虽未多睹，要不可指数，又岂得以一国一家之术，而抹杀天下乎！且古之任侠义勇之流，率皆以谦下好问相砥砺，此所谓"大敌怯，小敌勇"，"三十年老娘，或倒绷孩儿"，"初生之犊，不知有虎也"。是故学武临敌，首在谨慎，有若无，实若虚，匪惟不敢骄，尤且不敢不谨也。更见以国术授人而不尽其传者，是殆所谓吝者之流耶。有朋自远方来，尽心推广之不暇，何为而靳惜诡秘之乎？余于是知此辈之不足以言学术，诚楚伧也。原夫创造国术者之初心，盖欲得所好者而传之。一步之未逮，未足以为善也。一手之未合，未足以为善也。推敲矫正，煞费苦心，而犹恐口传讹误，更笔于书以解说之。何后世不求其理，诡秘自私，抱艺以终，辗转相传，日就退化，国术前途，悲观极矣。岂非吝之一字，有以促成之欤！余以闻见所及，深知其非。专研太极拳者，标高名，惜授受，有致谤者矣。是或道高毁来，灵龟先灼耶！虽无关体用，而有梗流传，明智之士，应责己重周，以武德为务，禁骄吝以除积弊，化门派而贵实行，一挽颓风，以康我道。

第十节　广见闻

语云"他山之石，可以攻玉"，"如切如磋，如琢如磨"，学问之道，不当若是哉。相传少林僧以拳技甲天下，其法重搏人，着势多勇猛，身躯弱者，习之不便，或且激烈生弊，此就运动言之也。若其身、手、步法之关于技击应用者甚可取，习太极拳者，稍涉猎之，亦可不劳而获。余幼时从事于此者六七年，迨从师习内功，始弃去。然其着其劳，与内功合而化之，亦至妙之方法也。尝访友遇精拳技者，莫不询其所长，欣然请教，归而求之，亦颇有得。夫内功、外功之分，仅就功行而言，其应用之方，曾无大异。故吾人研究应用，于内外之分，应存而不论。盖吾国拳技流传既久，其间不乏奇才异士之研求创作，各具得骨得髓之妙，扬镳分道，派别繁多。倘辑其精华，分析钻研，作融合之探讨，为哲学，为科学，若生理、心理、教育、动力、静力、几何诸学上，当别开生面，为破天荒之一大学术也。惜乎人多门户异同之见，公开不易，非有力者从而提倡之，则无以破其固执之势。夫负艺自满，是故步自封也。故夫学者若骄然自满，则其人之学识终如是矣。其谦逊若不胜者，则其后未可量也。循此理也，可以立身，可以相天下士。何今之学者，固守一师之传，姝姝自悦，而不欲尽天下之技集于一身乎。见闻不广，为之障碍焉耳。广之云何，讵可执途人而遍问之耶。亦惟理明师，交益友，切磋而琢磨之矣。其尤要者，厥为歌诀。昔人云："得来真诀好用功。"诀之为用大矣哉。我国拳艺，向少专书，率皆口传心授，而藉以流传。其言着言劲也，曰歌，曰诀，取简明易记。其为人所习知者，如太极拳、形意拳、易筋经等，皆有著述，行文简要，为拳艺界杰作。其余剑经、棍法、少林、长拳等歌，中平枪歌，率皆可取。下至江湖拳勇之士，歌诀虽多鄙俚，然亦闲有中窍要者，未可遽废。盖拳艺之流传既多，必有辑其精妙传于歌诀者，故有谓习太极拳法而不知诀，终无以以臻神化之境。且歌诀之流传，最远亦最古。今之拳式，每有一派而姿势应用大异者，仅存其原有精神，若循歌诀以研求之，可得古法。兼明递传之变迁，蛛丝马迹，或由此以睹国术中兴之盛。而况满盘玄妙，类能一语道破，"默识揣摩"，积久而功行渐进，豁然贯通，跻于大成。良以理达则法举，源充则流沛，众妙毕集，体用斯备，洋洋乎国术之大观也，岂惟习太极拳者应若是哉。

第八章　太极拳辩惑

第一节　行功真谛

今之言太极拳者，无不曰要在懂劲，不重着法，不拘形式。斯言也，为成功者立论则尚可，为初学者作指南则大误也。夫太极为天地万物之本，包罗万象，终身由之而不得其道。拳以太极为名，其理至可深思。是岂率尔可臻神化者，必有以为之阶梯者矣。则形式固不可不讲，着法尤不可不论也。今之言者，毋乃假劲自雄、独标一格，以求誉于世，然其言失乎，而其志亦卑矣。是虽一技之长，创之者亦艰辛缔造，惟恐不传。为理论，为社会，皆有绝大希冀。非抑人崇己，强容于世。以为他拳尚着，我独言劲，他拳讲形式，我独重精神。标名虽高，而自迷途径。盖未喻义理之勇，尤不明行功之真谛也。吾国拳家，武当、少林而外派别尚繁，各有独到。然"太极"两字，无所不包。他拳法所有者，太极拳应尽有之。但以顺乎自然之理，合乎阴阳相济之劲。若是者，虽曰非太极拳不能也。太极拳法，各式各有其应用。然即此应用之法，遂谓此外别无法，而他法即不成其为太极者，亦不能也。

故习太极拳者，无定法，则无以成功，守定法，则难期神化。所谓良工能与人以规矩，而不能使人巧也。由法式以窥应用，不贵多而贵精。得骨得髓，人各不同。精一着而万着毕具，精一劲而万劲咸通。盖理达则法生，夫何待枝节而为之哉。不然，将何以集天下之法，而备于一种拳式乎。亦惟集思以广益，由博而归约焉。是故太极拳之劲，归于推手者仅八法，八八六十四法以象卦数而推演之，但不必固拘，提、搂、搬、拦，何非劲名。可知各家拳法所称之劲，无不可采入太极拳者。有一不备，即不足以成立太极拳之名，不足以包罗万有之象。非固守以为法，非立异以为高，乃学者不测，侈然自足。以懂劲树帜，而昧于行远自迩之义，终其身茫茫焉如瞽人投井。甚矣，斯道之危也。尝谓学问之道，贵得其真谛，悉其步骤，然后继以躬行，积以月岁，而后有成。非然者，徒标美名，难期实践，北辙南辕，与道背驰。幼而习之，齿脱髪落而无所就，是又何贵乎以有用之光阴，为此无益之事也哉。

吾国百艺之传，类托之神秘。故使人觉其深奥，而不敢问津。偶获一知半解，遂亦骇世炫俗，惟恐不神其说。而人亦以神秘相推许，传者珍若拱璧，学者视为畏途。故其传愈晦，真谛渐失。病之所在，国人熟视无睹，尤可叹也。太极拳之言劲，拳家之常理也。匹夫匹妇，可以与知，何必崇之使高，令人可望而不可即。劲之应用，惟在着熟，着之当否，悉关姿势。此中捷径，数语可以道破，学者循是以求，未有不可臻神化者。每见习太极拳者，行功数年，不明应用，遑论懂劲。且群以为运动身体有余，对敌制胜不足。而为教师者，则以懂劲自标，奇说怪诞相尚，学者茫然，莫知所向。余故舍高而言卑，后劲而先着，然岂遽敢自谓有得。惟勉学者勿自命高崇，勿误入歧途而已。

第二节 着劲应用

太极拳之应用，本诸周易太极之理，以柔克刚，以静制动，以简御繁，以逸待劳，深有合于近世之力学。其最高之标的，则曰懂劲。其经过之程序，则曰熟着。盖着不熟，无以入懂劲之域。劲不懂，无以竟太极之功也。如观其姿势，亦无异于其他拳术，然运动则注重精神，应用则以防人为主。以小敌大，以无胜有，是其妙自有超乎一切拳术者矣。各家拳法，无不有者，以着为最高标的也。太极言劲，驾着而上之。故成功之后，不恃着而恃劲，然即其着法，亦无一不合于劲之原则。就着而生劲，籍劲以用着，浑然而为太极之象也。且着劲固非二也。近人误解，有重劲而轻着者。夫劲为无形，不言着何以明劲。所谓劲者，着中之劲也，着熟则劲自顺。有微懂、略懂，以至于无微不懂、无处不懂，乃为懂劲，斯能用劲矣。专以着法致用之拳，着熟则止，立标较近，故最精不过着熟。而太极拳以懂劲为标，着熟者，是其次焉者也。其着劲之应用，如环无端，纵、横、高、低，进、退、反、侧，无不面面俱到。学者于姿势既正之后，进而练着，与相手任意应用，则其妙自生。更习推手术以求懂劲，自有意外之进益。至劲之妙诀，曰圆、曰顺。此中玄妙，功深者，可自求而得也。

爰以所历，为如是说，以释误解太极拳者之惑。

跋一

今之言国术者，无不以提倡太极拳为首务。故在近年以来，盛行全国，并传于欧美，几于妇孺皆晓，普及天下。以流传之速率计，大可惊人，而实效未显，甚滋疑窦。循是以往，其不自坠其身价者几希。良以无正当之途径，教者各是其是，学者盲目以从，杂乱嚣张，触目皆是。甚且鱼目相混，真珠渐失，言念前途，诚有不能不急起就正之势。亟宜警以钟铎，纳之正轨，庶免歧途久误，习惯难移，则其成功可计日而待也。考太极拳法者，昔人依为难老之方，锻炼身体，修养性灵，以潜至道之根芽。降及近世，偏于应用，颇失原意，然即国术方面之进步也。近人习者，类多震于内家太极拳之美名，视为一时好尚，趋之若鹜，不辨赝真，致江湖拳师，得售其欺。而习之者，亦遂巧立门派，妄分系统，互肆嫉忌，同门相攻，父子不相容。于是乎刚、柔、动、静、高、下、疾、徐，各自成家，不相统属。讥之者，谓为张三丰析居，至可叹也，盖尝论之，太极拳法者，不过国术之一种。自传世以来，其师承之迹，颇可考记，何至如今日之神说怪诞，杂乱如麻，而发明之师，日见其多，不可一世，令人怀疑惊诧，无所适从。余虽未敢遽谓今之发明者，不及张三丰祖师，惟觉今之祖师，为数太多耳。且吾人发明学术，果有令人崇拜之价值，其美名可自当之。何必假古人之名，而宣扬其臆度之术，诚欺世盗名之尤者也。惜哉！三丰先生，于太极拳术，不知其浊流如是，而又生非今世，不克享专利之权，致源远而流益杂。非但无以恢闳其志，且复以吕易嬴，以牛易马，而成太极螟蛉矣。客有言太极拳已普及者，余以前言复之，深虞失传之可惜也。盖今之学太极拳者，多趋时尚，而略其真意，虚度光阴，不易进益，教者难辞欺人之咎，习者应多自误之悔。苟得其真，则日见功效，月有进益，正所谓日新月异而岁不同者。人人皆当历此现象，何至日复一日，年复一年，依然故我，味同嚼蜡，毫不觉有成功之希望哉！凡习此拳法者，舍仅趋时髦，浅尝辄止之辈而外，无不愿有所进益。第见其期望与成就适得其反，每有中道舍弃，自悔其所为者，非拳法本身之过，实于其功用迄未彻底了解，而教练方法，又复谬误，南辕北辙，日行背驰之功，乌得有成就之一日乎。故习太极拳者，至应认清途径，讲求师法，差之毫厘，谬以千里。不佞幼嗜拳技，涉猎于内外各家十有余年，群以大好身手相推许。然扣心自问，毫无所得，每闻过誉，益用自惭，几欲改弦易辙，不弹此调。以为各家拳技，什九欺人，甚悔十年之光阴，掷于虚牝。旋得识余师王公新午，默观其行功靠手，卓尔不群，用着发劲，其应如响。暇辄从游，几及一载，模仿而自习之，觉技大进。而余师不欲轻以授人，强而奉之以至诚，始蒙指授，夫然后知向之所能，尽糟粕也。至于今又十五载，日觉进益，而未能穷其竟。于以知太极拳之包罗万法，技近于道，且自幸宗法有自，怂惠余师编次途径，以惠学人。庶教练者得所遵循，且救时弊。书成，喜而跋此。

一九三五年天中节受业宁晋刘玉明琢之谨跋

谨按：此跋为刘琢之学长所作，家大人新午公嫌其切直，弃之纸篓，念祖检存数年，"七七事变"后，刘君西渡，在汉中设教，从学者数百人。其功行精挚，实非等闲可及，誉满秦中，名扬遐迩。不意敌机肆逆，君竟因之作古。曷胜伤悼，谨检此篇，附于书末，以慰刘君之英灵云。学弟王念祖附记

跋二

昔者习闻太极拳之精妙，识其体而未得其用。曾汾阳王新午先生宦并门，倡国术以健身自卫，一时名贤如尹扶一、冯鹏翥、葛敬猷、濮绍欧、王画初诸君子，日夕从游，遂介以识荆，得执挚请益，乃知太极拳之玄理妙运，神化莫测，实非徒涉皮毛者所能梦见。同学刘琢之、杨博生、许彭久、董招隐辈数十人，皆武勇冠于时，得朝夕研磨，实地试验，以作他山之助。书年乐此不疲者，盖有年矣。先生教人，以理论与实用冶为一炉，脚踏实地，不尚空谈。二十年来，各武术名师相继顶礼问学者数百人，及门者三千余人。每届国术省考，弟子门人之膺首选列前茅者比比也。三晋国术之勃兴获誉，皆先生之力。"七七事变"后，不数月而寇陷太原，同学分散，先生率各县长与敌作殊死战，屡挫凶焰。己卯春，膺技术总队长，御敌于晋西南吉乡之间。书年追随左右，先生以队附职责相畀，且诏之曰："此吾人以忠勇精神、国术技能，效力国难时也，其善为之。"先生选拔干部，亲予指授。于军事之余，辄从事补著《太极拳法阐宗》一书，阐宗者，旨在发扬武德，明礼义，知廉耻，轻死生，重气节，以显我国术之真精神，恢复我固有之道义，所云技艺之神明，抑其末也。忠勇之士，盍兴乎来。

一九三九年十一月受业米书年寿轩谨跋于乡宁防次

跋三

桂年少好事，喜游侠，好技击。肄业山西大学时，闻精于武技之人士，靡不访谒。当时所见国术知名之十数百人，日从事于锻炼者，三万有奇，而以王公新午之太极拳冠并门。自党政军学、农工商贾，逮贩夫走卒，无时无地，莫不以谈公之技术轶事为快，咸眉飞色舞，诧为神奇。桂盖习闻之而习道之矣。会以刘君琢之之介，得识王公，亦第见其谦笃平易，而不觉有若何神奇之处。识荆既久，蒙亲予指授，始得渐闻妙绪，更一一征诸实验。其用着发劲，神妙难测，环堵吐舌，莫审所以。而公之教人，掩关而理，迄不允称扬宣誉于外，亦足见其谦谦矣。公手创山西省国术促进会，驰誉华北，历任晋鲁诸省各届国术省考评判、全国运动大会及华北运动会等国术裁判，所至有声，人咸仰之如山斗。而公固文学政治家也，工古文辞，善北海书，其词歌词赋，弱冠时已为人所传诵。而尤长于医学，于灵素仲景之奥义及金元明清诸巨子学理证治，旁及东西医术，靡不淹贯，如数家珍。桂以从公久，见公手全活者数十百人，又足征其救世之苦心也。曩者，太原人士，迭见公翰墨诗文及各种国术著作，而以未见太极拳之编著为憾。时怂恿之，于是稿之成者，遂命桂整理缮校。"卢沟事变"时，公正署偏关县长，奉命调第四区行政专员，兼署交城县长，直辖太原、清源、徐沟、祁县、文水等县。正组训间，奉命南下，而此稿失去十之二三。旋复奉命组技术总队，习武之士，闻公之名，如婴儿投母，接踵而来，以效力国难。遂请公补著，以成完璧，升阶入室，悉由是而之焉。公之品纯学粹，功行卓越，领袖三晋武士界，已及二十余年，亦即此可知其大略。桂未敢多赞一辞云。

一九三九年冬受业山西平定董桂招隐谨跋

鸣谢王新午大夫

　　余困于病魔，七年于兹，中西医士，佥谓不治，自分无生理矣。客岁冬养疴长安，闻王新午先生悬壶市上。中医名宿耿仲谊为余言，渠子女危病，皆先生治愈。又如九十六军李军长时甫之痹疾、孙总司令蔚如太夫人之痼疾、裕秦公司杨树藩妻之吐血、咸阳工厂技师黄醉陶之伤寒危证、山西省银行韩之润之多年痰喘等，不胜枚举。所经中西医士皆不下数十人，拖延年余或数月，打针服药无算。先生诊之，两剂而愈。耿君为医界名贤，所言当不妄。当时余疾益笃，大便漏黑血，日夜无度，时晕厥，盖连续四月余矣。乃请先生就诊，先生曰："何不早言，尚有生望。"疏方两剂而血止食进，调养旬余，再剂而下白物如鱼脑者三缸，多年夙疾，一旦霍然，神乎技矣。余服膺于心，绣佛祀之，谨掬诚鸣谢，并附于先生《太极拳法阐宗》大著之后，以志再生之感。同心者，尝不仅余一人也。

湘北马定远汉超谨志于长安客次

附录一

王新午太极拳散手歌诀
（太极拳秘传歌诀）

一　预备式

纳新吐故气须圆，摄得真精鼎内煎。提神顶劲精神注，坐腕沉肩势自然。
纳气两手托上行，提自丹田升在胸。腹收精气全提住，势若腾空上苍穹。
待得吸尽变成吐，清气沉来浊气除。腹松手按归元候，浑然一息还太虚。
二气循环无先后，演成六个小周天。呵吁呼呬吹与嘻，内外相生一念专。
法轮常转莫休闲，激浊扬清精气添。漫道添功如添线，月临十五自团圆。

二　揽雀尾式

混沌初开日，阴阳一例看。掤按象乾坤，攦挤是离坎。
掤劲含刚健，乘龙欲上天。按顺坤柔德，从人自不难。
攦是刚中柔，顾后更防前。挤乃柔中刚，发劲莫迟缓。
知此四方正，不外太极圈。
出手含掤似围墙，虽逢劲敌莫慌张。变个圈儿左右画，后步挺劲作中梁。
若逢刚硬倚强逞，顺劲落下细端详。左搬右拦伤人面，或攦或按自思量。
卦象干健首万物，紧忌上九太刚强。向下常将按劲先，敌虽强悍不相干。
变攦变挤从君意，拔背含胸最忌偏。掤按双推须熟练，全凭腰腿作机关。
攦来挤去像离坎，刚柔相济势无偏。上掤下按随时变，水火既济妙难言。
阴阳配备最称神，揽雀尾式推四正。世人识得圈中妙，真能四两拨千斤。

三　单鞭式

单鞭一势最为雄，左像箭来右像弓。松肩沉肘当四面，钢鞭一击追人魂。
近得身来劲变捌，或推或按任君施。左顾右盼迎头打，进退从人莫相违。

151

四 提手上式（提手下式在内）

遇敌推扑双手合，垂肘松肩往下沉。蹲腿含胸能蓄势，耸而一提建奇功。
下势先从左手掤，右掌直探敌裆中。待他左手堤防候，左搬右提分外凶。
提手原称上下身，全凭起伏见英雄。气发脚跟劲到腕，管教强敌满天红。

五 白鹤亮翅式

两臂环击状若何，闲来无事访白鹅。自从单鞭称雄后，顾盼轻灵数着他。
步要丁虚势要蹲，即引即击快如风。腰轮平转脊中正，舒展双翅立鸡群。

六 左右搂膝拗步式

起肩过胯膝外搂，指点掌印盖当头。眉间霹雳一声震，小丑幺魔已罢休。
肘外须防敌按推，连环搂打见施为。任他强硬如山岳，肩头一掌判雄雌。

七 手挥琵琶式

双手紧抱一琵琶，折干剪腕用不差。里外圈儿由我画，挥出专会破擒拿。
上打玄关下打阴，中间更似虎掏心。此种机关休泄露，一着伤人祸不轻。

八 进步搬拦捶式

先搬后拦号搬拦，先拦后搬号拦搬。这捶夹在搬拦内，乘机击打无后先。
相传共有七搬拦，当中打去在中脘。左右斜开主胁下，上打咽喉下丹田。
步下往来分进退，迟速封闭认机关。轻灵坚硬阴阳济，尾闾中正不须偏。

九 如封似闭式

如封似闭更出奇，採挒推按四般施。不像他家凭猛力，开弓发箭总相宜。
双推双扑势更雄，好似猛虎入羊群。紧防刚劲煞不住，偶然过量即成空。

十 十字手式

左手採来右手提，紧贴紧靠莫相离。横提骤向裆中去，变着双风贯耳宜。

十一 抱虎归山式

抱虎单来贯耳双，举手斜上打太阳。扬鞭左右人难及，虽然圣手不能防。
退步进身膀须横，搂打左右自相生。双环护体攻防继，翻身下按敌裆中。
横掌此势最为强，抱虎全凭膀力长。推出根劲君须记，后脚蹬提敌命亡。

十二 肘底看捶式

捶居肘下势堪夸，好似叶底下藏花。专向敌人胸胁部，拦腰直打两不差。
敌臂来时顺劲抓，执腕反扣落平沙。倘然右手由人执，肘腕相错破擒拿。
研肘蹲身势有名，夹来敌臂任施行。擒拿是我圈中妙，尔想逃脱势不能。

十三 倒撵猴式

此式因何号撵猴，轻身倒步快如流。搂採带引中盘下，指点掌印击人头。
身后有敌裆中按，还须腰劲曲中求。如逢步下钩盘到，脚跟倒挂利如钩。
步退掌进势须平，蛇到常山别样灵。打至胁间兼脑后，才显手段是高明。

十四 斜飞式

搭手斜将腕外飞，陡然已至颏和腮。任他顺手来推按，腾採如前誓不归。
忽然转向胁间去，击中期门一样危。接手若还搭拗手，变着琵琶手再挥。

十五 海底针式

直至鸠尾与中脘，忽下海底势无偏。倘逢敌手擒拿下，擦地回撤画立圈。
左手搂按与推托，贴身刺点指如铁。蓄势蹲身能聚劲，箭出弦兮针见血。

153

十六　扇通背式

右臂滚提向上托，左掌承势进前发。丁八弓箭看步下，类如虎兕出于柙。
前势已伏此势脉，贴身进步向裆间。全凭脊力掌心注，只知腰劲是等间。

十七　别身捶式

右腕忽为顺手执，回肘抢臂抱左胁。左手扣紧休松劲，胁下交叉是此式。
撤身扣迭势为雄，引进原来更落空。别身反背一拳去，尚留左掌未前伸。
转身压腕破擒拿，齐眉一掌见红花。敌来扣腿兼扑面，移步掤推绊跌他。

十八　卸步搬拦捶式

别身压腕掌齐眉，敌手忽来圈内推。卸步合腕双攦扣，引敌头来敬一捶。
卸步原与退不同，专引敌进向斜倾。搬拦更不分左右，捶后还跟一掌雄。

十九　云手式

提挂掤挒滚按推，全凭脊柱不偏倚。运到敌人两肘后，铜墙铁柱一齐摧。

二十　高探马式

攦手扑面济阴阳，太极拳中此式良。左右连环看手势，步分顺拗逞豪强。
搭手高攀龙马上，平肩正胯势还藏。进步推击多变着，轻灵神妙世无双。

二十一　分脚式

撤步双攦敌劲空，分踢两臂势须平。后腿微屈亦蓄势，缠手掤挂脊须中。
五行步内此为雄，进退左右变无穷。耸然一脚分踢去，高至鼻梁低在胸。

二十二　转身蹬脚式

转身忽见敌来攻，闪避拦格眼要明。开合推缠凭两臂，攻防相继快如风。
遇敌追来即止步，虚实相生腿更灵。脚跟蹬去全腰劲，霎时强敌梦不醒。

二十三　落步搂膝拗步式

落步原从上势来，忽然此处巧安排。搂膝与前原一样，并步偏又出心裁。
转身向右施柔化，专破循吾右肘推。得陇望蜀君须记，进步抢拳向下栽。

二十四　进步栽捶式

栽捶原向鬘间打，左手搬扣且推拿。待他左手迎拳上，栽向丹田用不差。
有时顺手被擒拿，顺劲栽击不怕他。拳到丹田施抖劲，管教敌背落平沙。
蹬脚以后进前追，箭步飞身更击捶。敌已倒时犹不放，轻如闪电快如雷。
蹬脚还能引敌蹬，吃甚还甚是恒情。提拳栽向三里去，攻变守来守变攻。

二十五　翻身别身捶式

别身更带一翻身，专防身后敌来攻。撇手扑面寻常事，吐信伤喉格外凶。

二十六　二起脚式

上惊下取计堪夸，二脚连环起踢他。不是飞身腾空上，如何踢落敌门牙。
虚实相生动静间，进退难逃太极圈。卸步披身踢肘后，再攻一步踢胸前。

二十七　左右打虎式

猛虎扑来势更凶，先教引进落成空。搬打相随伤耳鬓，通天一炮血花红。
敌来握臂是双手，后撤上转粘即走。引得敌跟提起后，探拳如箭击迎头。

二十八 披身踢腿式

贴身起腿最为难，披身用脚事偏易。蹲身蓄势认机关，机关全凭后步卸。
卸他来劲用披身，撅臂分掷起脚蹬。开合相生多变化，最愁腰腿不轻灵。
用脚尺寸要分明，无过不及是为神。向后披身撤半步，向前倒叉脚追心。

二十九 双风贯耳式

当胸敌打不须慌，顺势搂开贯耳光。身法一卸即还进，太阳击中命离阳。
双分双贯莫犹疑，堂堂之阵正正旗。上掤下搂随时变，如雷如电总相宜。
敌将双臂按前来，向上掤开进步推。若还刚劲如山岳，十字拳将腕骨摧。
顺握两臂欲何为，撒画双圜自解围。绵里藏针凭迅速，最快无逾贯耳捶。
双拳贯耳快如风，化作双圜紧护身。无端敌手临圈内，搂开贯去便不轻。

三十 进步蹬腿式

搂打着多主上盘，引他头上苦遮拦。忽然踢向胸间去，致命方知太极圈。
腿号五行步五行，爰将进退显屈伸。只因及远兼敌众，踢在前阴蹬在胸。

三十一 转身蹬腿式

敌人迎面紧来追，忽然透步转身回。分手格拦看尺寸，蹬去一脚再不来。
转身亦是画圆圈，身在中平眼要尖。随机接手观承脉，蓄势赢人在转关。

三十二 野马分鬃式

斜单鞭后此式连，右转身来右手前。蹲身作个琵琶式，桩步穿手好变迁。
或分或合阆西东，左右分披敌万人。不似斜飞凭腕运，专将脊力臂间通。
肩打肘靠全腰力，折干剪腕恃拧身。即引即击得机势，运动四两拨千斤。

三十三 玉女穿梭式

上盘右手用掤时，左臂斜穿肘后齐。进步伸腰发内劲，贴身滚挤莫相离。
接手转身化劲先，顺他来劲手旁缠。左缠右掤兼进步，梭要轻灵玉女穿。
双攦敌臂採还捌，如鹰搏兔要神速。随他抽撤忙进步，顺手掤来扨手击。

三十四 下势式

下势原号立头蛇，又如一蝶下寻花。双攦带捌开半岔，后路穷时用不差。

三十五 左右金鸡独立式

好似蛰龙升上天，凤凰展翅立平原。擎掌托伤颏仰面，提膝直撞下丹田。
步下连随分进退，手中擎按换阴阳。德禽独立洵堪式，变化擎提最忌偏。
下颏惟虞擎掌托，那堪左右更提膝。追魂索命休轻用，怕他高眠卧不足。

三十六 高探马式及锁喉式

探马立势最高强，攦手扑面敌难防。接手搬扣还进步，颏下犹余一掌藏。
锁喉直扑脖间擒，肘要含来臂要沉。反手推掷多得势，变着掤按敌难禁。

三十七 十字摆连腿式

只身直入万人间，右踢左打号摆连。我制敌人人制我，凭将十字靠胸前。
转身右步作虚丁，伏势旁踢腿要轻。右掌拍向丹田去，靠臂掤採法更精。

三十八 搂膝指裆捶式

搂膝专为防下盘，搂开左右即攻前。既然狠毒还须快，指着他裆敬一拳。
任他铁壁与铜墙，如何强硬莫慌张。提拳直指裆间去，教他顷刻命离阳。

三十九　上步七星式及退步跨虎式

扑地鸡飞向半空，躬身挽臂拱北辰。左臂撑圆掤带擸，右拳冲上肘当心。
贴胸抵颏弥高仰，反背奔出敌面迎。通天管教朝天望，迎面居然满面青。（上步七星）
腾身上步七星拳，迎面通天勇向前。上惊下取随机变，忽然退步撤身还。
势成跨虎身中正，步号龙门稳下盘。左手採缠敌肘后，右掌直扑下丹田。
太极圈内变多端，进退阴阳转瞬间。击面虚着修栈道，反拍小腹渡陈仓。
捯手採缠人难见，顺劲掤推敌便偏。不但上接七星势，摆连射虎一齐连。（跨虎式）

四十　转身摆连腿式

摆连横腿最为精，此处还添一转身。平圆扫去英雄倒，转后扑击神鬼惊。
连环直打势真凶，双採右臂敌前倾。右转身来急起步，摆连横腿建奇功。

四十一　弯弓射虎式

右臂由人双手擒，用来此势似弯弓。画圈上转当头炮，不怕他人不放松。
贴着他身顺劲走，后撤上转敌松手。太阳穴上两拳冲，任他铁汉亦担忧。
得势全凭一转圈，屈伸开合变无端。从人舍己多捷径，柔化刚制把身安。

四十二　合太极

太极无始更无终，阴阳相济总相同。走即粘来粘即走，攻变守来守变攻。
知己知彼真英杰，熟着熟劲见神明。任他强敌多机变，何能跳出此圈中。

附录二

本刊特约撰述太原王新午先生，对于国术之提倡，素具热忱，尤以实验为宗旨，故与本刊之意旨不谋而合，伊在太原创组一国术促进会，经历数年，成绩案著，今王君寄来山西省国术促进会史略一份，特嘱披露本刊，并盼海内乐于此道者，加以不客气之指导，

编者附志

注：本文载于《体育月刊》，1934年第2卷第4期及第5期。

山西省国术促进会史略

芳五（王新午先生笔名）

考山西为国术发源之地。相传太极拳、形意拳皆由晋传出，代有名人，苦无纪述。而提倡发展之功，在表面亦似较他省落后。至于今，国术馆尚未成立，国术团体亦寥若星辰。三晋人士，凡谋以国术救弱图存以强我晋民者，胥引领而望于山西省国术促进会。则是后本会所负之使命，其重且大，可想见矣。爰将本会沿革，简略编述，以介绍于社会。并望本会同人，努力迈进，以餍三晋人士之期许云。

太原为三晋省会，人口繁杂，练国术者，在昔即甚多，门派亦夥，惜无统计与组织，殊为憾事。当民国十三年之冬，有习太极拳同人，王新午、许彭久、刘玉明、杨博生、戈怡如、令狐舜卿、赵吉甫、张光三诸君子，以国术为吾国数千年之国粹，有健身御侮之效能，自欧风东渐，国内体育界，竞倡西洋运动，反置国术于不顾，国术之命脉，逐沉于九渊，莫之或挽。于是结合同志，假海子边自省堂内之空场，朝夕从事锻炼，觉世牖民，初不计及，实本会所由兴，亦三晋最初之国术团体也，

十五年秋，曹子仙、王新午、马立伯、章介眉、刘琢之、戈怡如、杨博生、张子寿、葛敬遒、张光三、赵吉甫、许彭久诸先生发起组织太极学会，假地址于西肖墙，会员三十余人。由王新午先生担任教授，经费由同人醵资分担，以曹子仙先生捐助特多。教练时间，晨起练习盘架及推手两时，午后

互相实习应用两时，晚研究学理两时，日常有六小时之锻炼。乃将研究所得，集成太极拳各种手法。草录一巨帙，成为科学化之国术。并将王新午先生练习太极拳路之姿势，摄成相片两百余幅，备制铜板，尚未付诸剞劂也。

迨民十七八之间，同人日常莅会锻炼者，达百余人，会务日形发达。经王新午、曹子仙两先生捐廉购置器械书籍多种，以备应用。时以华北政局变化，不数月之间，同人离省就事者大半。曹子仙先生赴鲁，王新午先生亦随阎总司令出省在行营襄赞军事，会务遂无形中辍，停顿至半年之久。于十九年秋季，王新午先生慨负中兴之责，商诸太原青年会总干事姚石庵先生，联络本市各国术名家，成立太原市国术促进会，摄影于美人艾克沛家，以作纪念。并呈经中央国术馆及军省两署民政厅备案。当推选王新午、刘玉明、宁任卿、阎德生、张成之五人为执行委员，王新午为常务，熊玉裁、孙亚球、姚石庵三人为监察委员，姚石庵为常委。内分总务、教务两部，总务主任为张成之，刘子毅副之，干事为孙亚球、李尉如、白棣华、曾国忠、胡廷玺等。教务主任为王新午兼，刘琢之副之，干事为许延寿、梁正方、夏桐元、解继明、阎德生等。教师除由王新午、刘琢之兼任外，复有张鸣岐、穆修易、脱来宾、于镜堂、张子寿、冯少五、任木林等诸人。唯时经费支绌，除会员少数会费外，悉由王新午先生个人捐助，以故教师职员，都为义务职。当时只在青年会内开一斗室为办公室，籍该会之运动场为操练场，惨淡经营，极为社会人士所赞佩。而会员人数由七十余人，迅增至三百余人。先后成立太极研究班、教师训练班、大刀术速成班、掼跤班、形意拳训练班五班。太极研究及教师训练两班，各有学员三十余人，由王新午先生亲自教授，并作理论及武德上之灌输。大刀术班，学员八十余人，由邵英斌、刘琢之两先生担任教练。掼跤班学员四十余人，聘马东坡先生为教师。形意班由穆修易先生担任教练，学员四十余人。各班学员参加历届国术省考，中选者为数甚多。毕业后在外担任国术教师者，成绩颇有可观。至二十一年，由本会建议绥省两署，设立公共国术场，以资普及，当蒙上峰采纳。令由山西省教育厅创设太原市国术操练场于中山公园，并聘请王新午先生兼摄该场主任，学员常有二百余人，每日晨晚集合教练，颇得社会人士之好评。而该场之产生与成绩，实本会独立促成之也。二十二年七月，邱公渝川鉴于外患频仍，国本飘摇，尤痛心于民族体魄之孱弱与民族精神之萎靡，深知御侮图存，当以健身为首要，经王新午先生力请公出任艰钜。遂慨然以提倡国术为己任，即改组本会为今名，共推公担任会长，王新午先生为副会长。内设总务、教务两部，以李文轩先生任总务主任，张成之先生副之。王新午先生兼教务主任，刘琢之先生副之。总教两部分置文书、交际、宣传、庶务、会计、编辑、调查等股，股员教师及助教各十余人，纯尽义务，均极热心。惟时会员增加至六百余人，会务蒸蒸日上。会长邱公复以国术人士，应特重武德、敦信义、尚节俭、重廉耻、崇礼义并手订训练纲要，亲加训导。关于办公用具及国术器械，捐廉设置，努力进行。本会基础，益增巩固，会务前途，更见光明矣。二十三年五月，本会董事会成立，重行扩大组织，董事为张至心、杨积之、秦孝友、王念文、梁化之、李颖生、程增光、邱渝川、王创南、王新午、朵席儒、杨如圭、项道尧、贾幕骞、濮绍戡诸先生共十五人。并由董事会公推邱渝川先生为董事长兼会长，项道尧、濮绍戡、秦孝友、王念文诸先生为常务董事，朵席儒、王新午两先生为副会长。选聘荣甲三、傅少芸、张汉捷、李官亭、马立伯、杨文卿、冯运青、王世卿、张桐轩、杨松生、张达三、武汉三、潘太初诸先生为名誉董事。

太原绥靖主任阎公伯川，山西省政府主席徐公次辰，对本会工作频致嘉许，屡谕切实进行，藉收健身卫国之功。旋敦请阎主任为本会名誉会长，徐主席暨清乡督办杨公星如为名誉副会长，均蒙捐资赞助。本会感激之余，更思奋勉，以副诸公之期许也。

会内设教务、事务两部，教务主任由朵席儒先生兼任。先生历任师旅长军职，尤长于军事教育。事务部主任由王新午先生兼摄，藉资擘画。又加聘国术名家刘东汉……诸先生五十余员担任教师。又聘名誉教师数十员赞襄教务。

本会原会址在太原青年会内，会之南场，为邮务局地址。面积宏敞，颇宜操练，经邮局慨予拨借。现添建教师会员休息室及存储器械室五间，并租借青年会之北楼，即电影院原址，为讲堂及办公之所。各项国术，计分太极、少林、通臂、炮捶五场。每晨五至八时，下午五至八时，为教练之时间。练习会员甚形踊跃，是为本会西场。

狄梁公巷农务局旧址，亦经拨给本会，有高楼数间，现加修葺，为本会办公之所。楼下为讲堂，操场亦觉甚绰。场西添建教师会员休息室、器械存储室五间。本场分形意、八卦、弓力、新武术、弓箭五场。教练时间，与西场同，是为本会东场。两场会员，达数百人焉。

　　本会在国术界，虽具悠久之历史，惟扩大组织，近甫就绪。会长邱公及朵、王两副会长，筹谋提倡，不遗余力，但欲期民族之强。端赖热心国术体育人士，群策群力，匡扶不逮。凡有指导建议者，极所乐从，民族幸甚，本会幸甚。

附录三

王新午先生授业

武明斋	李桂昌			
王旬候	曹汉章			岳润璞
傅殿森	王德			宋儒让
李毓秀	孟志仁			赵培谟
聂志诚	柴世忠			高玉璞
冯世昌	王禄			马仁洲
赵吉普	张安泰			王锦泉
杨博生	邵英斌	王延年		于友三
（伯武）	张万荣	李尚德	和玺卿	沈希贤
王念祖	梁春华	李怡庵	常富有	张 桐
（玉明）	米书年	刘永庚	李博久	
刘琢之	杨广文	薄应邀	郝文冲	
（王岚）	韩振华	苏起赓	刘邦麟	
王绳祖	赵思杰	许振江	申子荣	
戈怡如	阎德生	郭定邦	侯汉三	
曹瑞芝	熊秉义	王建铭	师俊泽	
张光三	陈 杰	李云龙	李宗汉	
许彭久	郝学儒	赵国梁	王祖清	
董 桂	陆雨桂	张捷三	马野居	
陆沉甫	侯世杰	陈 仪	马秀堂	
梁建中	李尧天	韩冀升	邢国英	
聂立轩	胡耀贞	江敬文		
孔子安	霍宝册	张迪安		

根据资料整理
未作重新排序

附录四

王新午先生《太极拳法阐宗》抄本展示

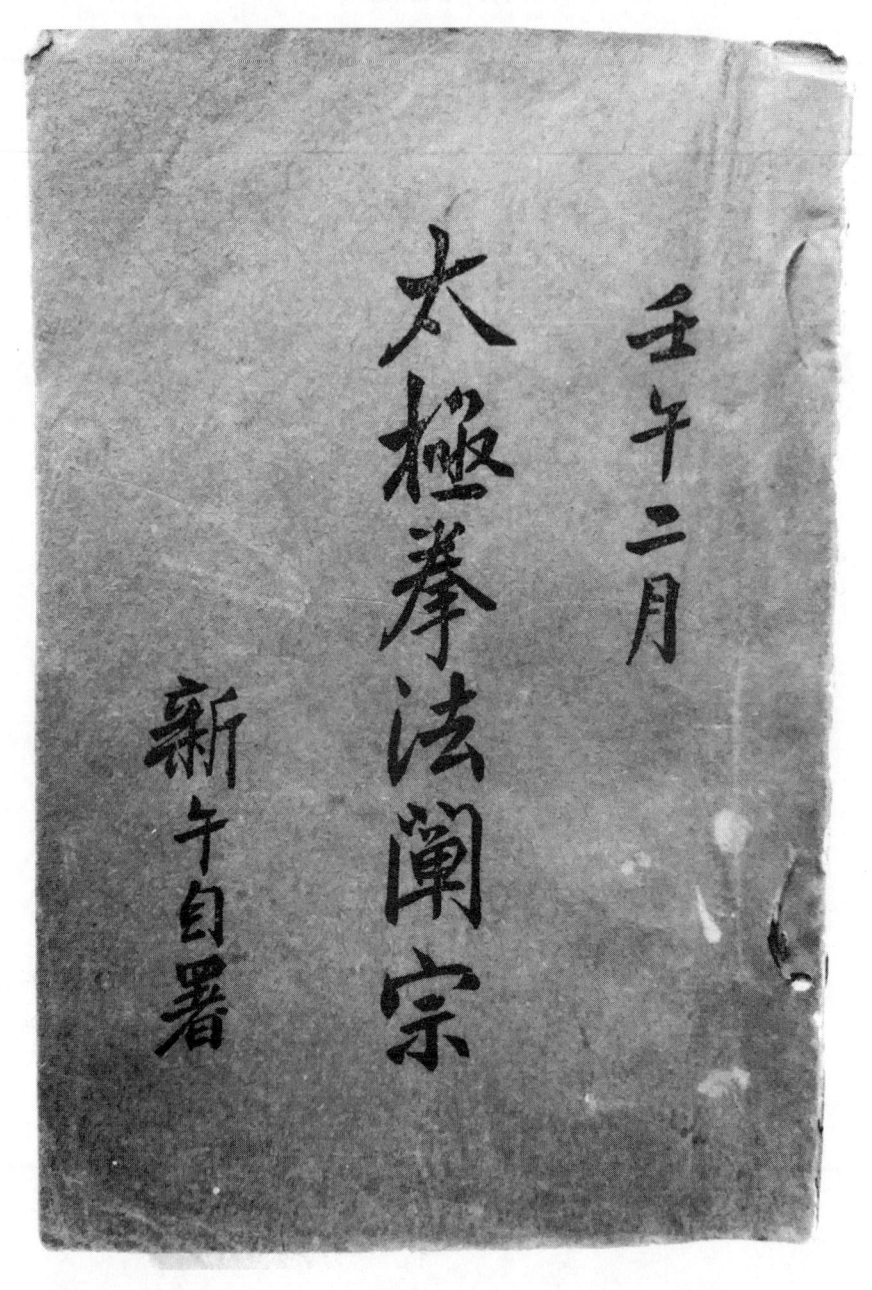

第二节　太极拳之总纲
第三节　太极拳之功效
第四节　太极拳与易象
第五节　太极拳与体育
第六节　太极拳派衍传

第三章　太极拳文献
第一节　张三丰传
第二节　张松溪传
第三节　王征南墓志铭
第四节　王征南内家拳法

第四章　太极拳拳论
第一节　太极拳论（附注）
第二节　太极拳经详注

第三节　十三式歌
第四节　行功心解
第五节　打手歌
第六节　八字歌
第七节　心会要诀
第八节　周身大用歌
第九节　十六关要诀
第十节　功用歌
第十一节　用功五法
第十二节　四性归原歌

第五章　太极拳锻法
第一节　锻炼太极拳应注意事项
第二节　练习太极拳应遵程序

总势歌

王宗岳遗著

十三式势莫轻视。命意源头在腰际。变转虚实须留意。气遍身躯不少滞。静中触动动犹静。因敌变化示神奇。势势存心揆用意。得来不觉费工夫。刻刻留心在腰间。腹内松静气腾然。尾闾中正神贯顶。满身轻利顶头悬。仔细留心向推求。曲伸开合听自由。入门引路须口授。工夫无息法自修。若言体用何为准。意气君来骨肉臣。想推用意终何在。益寿延年不老椿。歌兮歌兮百四十字。字字真切意无疑。若不向此推求去。枉费工夫遗叹息。

附录四　王新午先生《太极拳法阐宗》抄本展示

无着非劲渐至不须用着祗须用劲

用劲而劲自合洵至以意运劲以气代意精神

所触莫之能御则阶及神明矣是非数十年

纯功易克臻此

虚领顶劲 虚一作须似有泛虚无对实之释

黄卽堂滞难巧也顶亦曰颠顶亦曰颅门小儿初生时

此处輭骨未合常随呼吸颤动道家稳为上丹田

泥丸宫盖藏神之府也佛家摩顶受记道家上丹

练神易曰行其庭不见其人庭指天庭卽顶也行神气

庭经云子欲不死修昆仑山名喻顶均示人修养之要

诀也夫人之大脑主思想小脑主运动而卽顶灵首

出庶物支配神经为主宰之枢府其地位重要如

此宜为修养所注重练太极拳亦向主身心合一

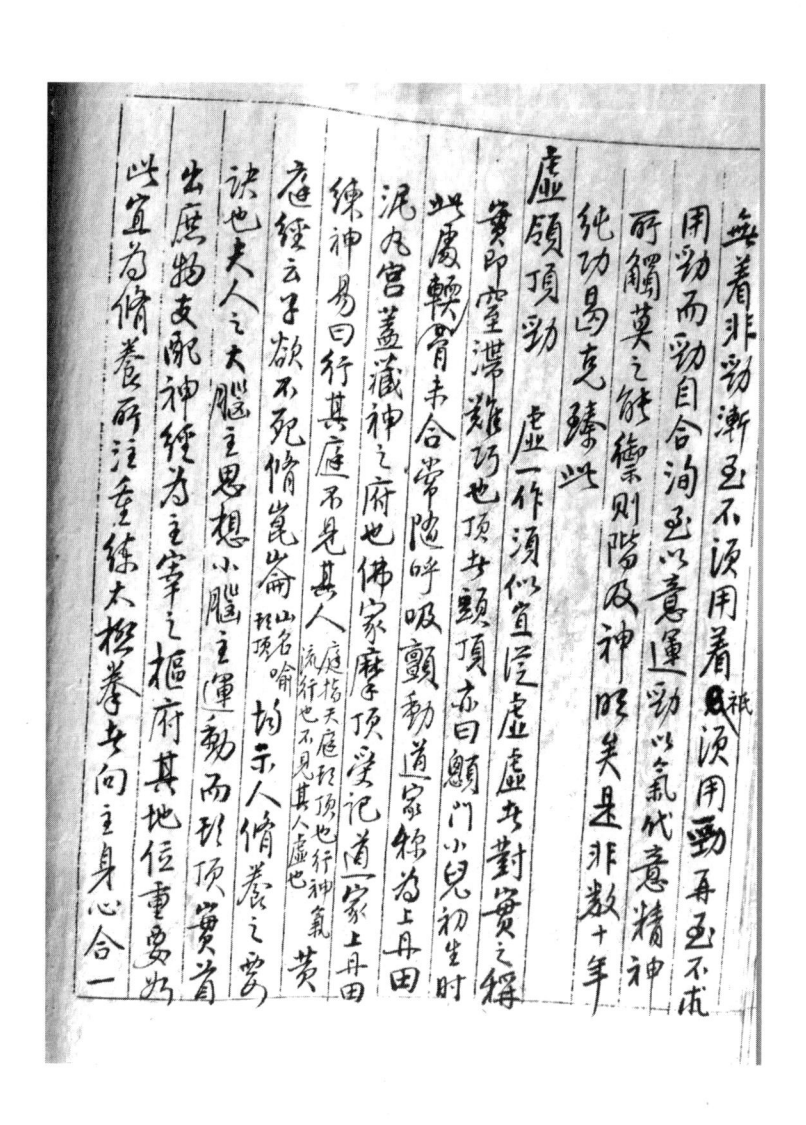

第三战区司令
长官司令部 校印总队部

橘民国 字第 年 月 日 号

内外重修精神与肉体二者同时锻炼故运动时必运智於脑贯神於顶务使顶上圆光虚灵不昧所以炼神也盖班为全身纲领纲举则目张挺顶竖则周身骨骼正直筋肉顺遂偶有动作全身一致左右前後无掣肘之虑矣

气沉丹田 丹田穴名道家谓丹田有三一居颅顶以藏神一居膻下以藏精此指下丹田也(脐下三寸)常用深呼吸使气归纳於此自能气足神旺黄庭经云呼吸廬外入丹田审能行之可常存尽常人呼吸短促每至中脘两回隔膜地横不能下达尽因之循环迟缓肺力摩弱不足以

附录四　王新午先生《太极拳法阐宗》抄本展示

(5) 搂膝拗步式

许师云：敌由下方击来即以顺手向旁搂开以拗手前推其胸

证案：敌手进击我之中下两盘皆可以顺手下搂以拗手前推或直扑其面部搭拗手时敌如以他手进击之手圈内我即以他手下搂其逼击之手同时撤回所搭之手扑击其面部或向肩推掷以则拗手搂顺手击也

敌拳进击吾圈内我距部或下方均可以顺手旁搂同时以拗手横贯敌耳鬓之间随即以横贯之手再复下搂而以前搂之手继续横贯左右杨鞭攻防兼至轻霹神速谓之左右搂打连环不断敌难望其项背也惟步法则弓箭步进步跟步敛步卸步随宜用之

(6) 手挥琵琶式

许师云：敌拖吾右腕时吾右手向怀内後撤以撑化其力遂进用顺手搂敌时吾肘即随粘其膀向内扣合仍用搂手继以他掌推扑之

证案：敌手击吾肩下前推右足以左足搜其肩下前推必负痛而逃或竟毁折其腕

敌手来击吾用抱手式运劲於腕合击其肘腕敌

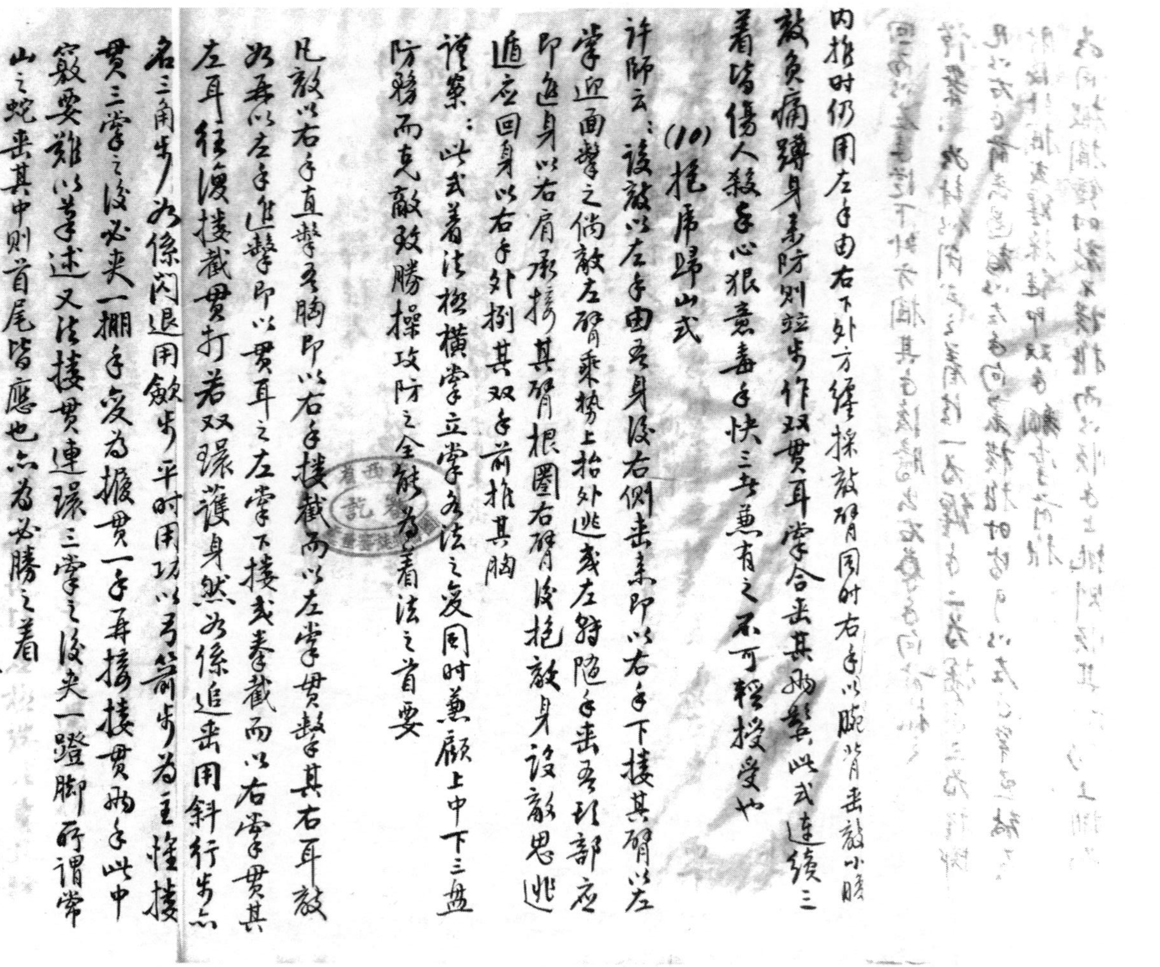

内推时仍用左手由右下外方缠採敌臂同时右手以腕背击敌小腹
敌负痛蹲身来防则就步作双贯耳掌合击其两鬓此式连续三
着皆伤人致手心狠意毒手快三者兼有之不可轻授也

(10)抱虎归山式

许师云：设敌以左手由吾身后右侧击来即以右手下搂其臂以左
掌迎面击之倘敌左臂乘势上抬外逃或左转随手击吾胁部应
即急身以右肩承接其臂根圈右臂后抱敌身设敌思逃
遁应回身以右手外捌其双手前推其胸

谨案：此式着法极横掌立掌各法之变同时兼顾上中下三盘
防务而克敌致胜操攻防之全能为着法之首要

凡敌以右手直击吾胸即以右手搂截而以左掌贯击其右耳敌
必再以左手进击即以贯耳之左掌下搂截而以右掌贯其
左耳往复搂截贯打若双环护身然必系追击用斜行步亦
名三角步必系闪退用敛步平时用功以弓箭步为主搂接
贯三掌之后必夹一掤手发为捶贯一手再搂搂贯两手此中
窍要难以笔述又往搂贯连环三掌之后夹一蹬脚所谓常
山之蛇击其中则首尾皆应也亦为必胜之着
敌若在吾右后方来击先以右手掤接其手旋反手下按其裆中
而以左掌推击其胸或胁部
本式敌手应用与搂膝拗步式有参考之必要但须辨其同异

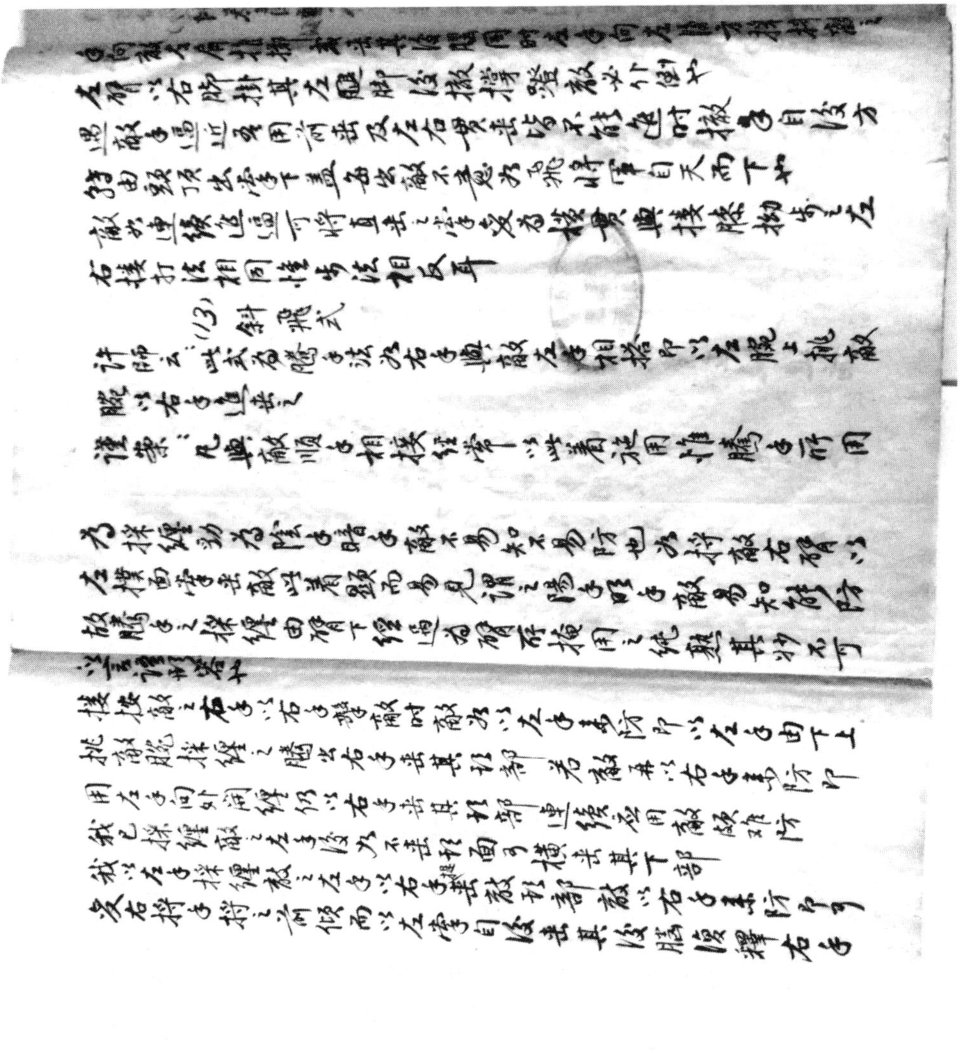

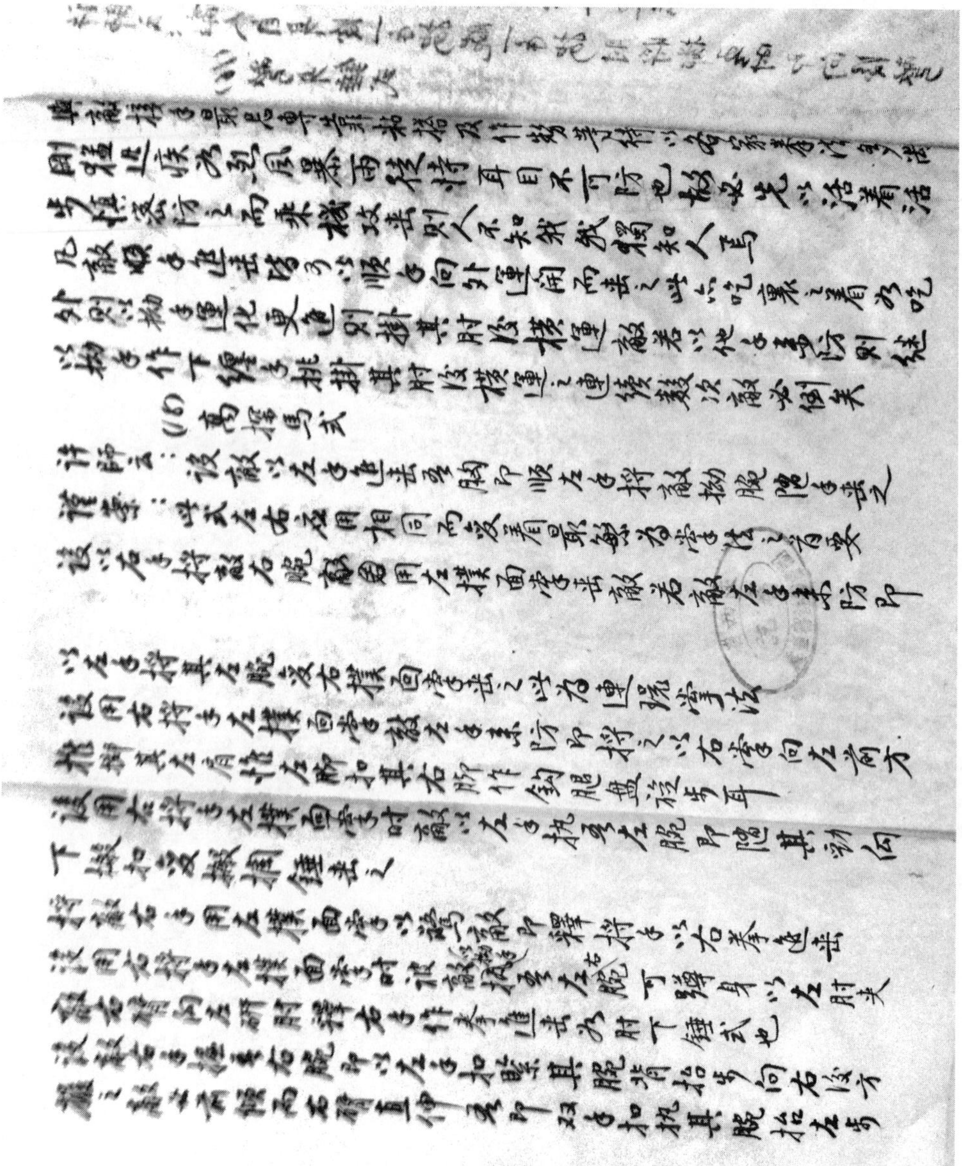

附录五

太极拳势运动顺序全图

预备式　　　　　　　　揽雀尾式一 　　　　　　　揽雀尾式二

单鞭式 　　　　　　　　提手上式一 　　　　　　　提手上式二

白鹤亮翅式一 　　　　　白鹤亮翅式二 　　　　　　搂膝拗步式一

附录五 太极拳势运动顺序全图

搂膝拗步式二　　　　搂膝拗步式三 　　　　手挥琵琶式

进步搬拦捶式一 　　　进步搬拦捶式二 　　　如封似闭式

十字手式 　　　　　　抱虎归山式 　　　　　揽雀尾式

175

斜单鞭式　　　　　　肘底看捶式 　　　　　　倒撵猴式一

倒撵猴式二 　　　　　　倒撵猴式三 　　　　　　斜飞式

提手上式一 　　　　　　提手上式二 　　　　　　白鹤亮翅式一

附录五　太极拳势运动顺序全图

白鹤亮翅式二　　　　搂膝拗步式 　　　　海底针式

扇通背式 　　　　转身捶式 　　　　卸步搬拦捶式一

卸步搬拦捶式二 　　　　揽雀尾式 　　　　单鞭式

177

云手式一　　　　　云手式二 　　　　　云手式三

单鞭式 　　　　　左高探马式 　　　　右分足式

右高探马式 　　　　左分足式 　　　　转身蹬足式

附录五　太极拳势运动顺序全图

落步搂膝拗步式　　　进步栽捶式 　　　翻身别身捶式

二起足式 　　　左打虎式 　　　右打虎式

披身踢足式 　　　双风贯耳式 　　　进步蹬脚式

太极拳法阐宗

转身蹬脚式　　　上步搬拦捶式一 　　　上步搬拦捶式二

如封似闭式 　　　十字手式 　　　抱虎归山式

揽雀尾式 　　　斜单鞭式 　　　野马分鬃式

附录五　太极拳势运动顺序全图

野马分鬃式二　　　　　野马分鬃式三 　　　　　玉女穿梭式一

玉女穿梭式二 　　　　　玉女穿梭式三 　　　　　玉女穿梭式四

揽雀尾式 　　　　　　　单鞭式 　　　　　　　　云手式

云手式二　　　　　云手式三 　　　　　单鞭式

下势式 　　　　金鸡独立式一　　　金鸡独立式二

倒撵猴式一 　　　倒撵猴式二 　　　倒撵猴式三

附录五　太极拳势运动顺序全图

斜飞式　　　　　提手上式一 　　　　提手上式二

白鹤亮翅式一 　　白鹤亮翅式二 　　　左搂膝拗步式

海底针式  　　　　扇通背式　　　　　撇身捶式

183

太极拳法阐宗

上步搬拦捶式	上步揽雀尾式	单鞭式
云手式一	云手式二	云手式三
单鞭式	左高探马式	十字摆连翻式

附录五　太极拳势运动顺序全图

搂膝指裆式　　　　　上步揽雀尾式 　　　　　单鞭式

下势式 　　　　　　　上步七星式 　　　　　　退步跨虎式

转身摆莲式 　　　　　弯弓射虎式 　　　　　　合太极

（一九三八年山西汾阳王新午著　寿阳侯汉三绘）